리 컬렉션

리 컬렉션

호암에서 리움까지, 삼성가의 수집과 국보 탄생기

1판 1쇄 인쇄 2016. 1. 22.
1판 1쇄 발행 2016. 1. 29.

지은이 이종선

발행인 김강유
편집 김윤경 | 디자인 정지현
발행처 김영사
등록 1979년 5월 17일(제406-2003-036호)
주소 경기도 파주시 문발로 197(문발동) 우편번호 10881
전화 마케팅부 031)955-3100, 편집부 031)955-3250
팩스 031)955-3111

값은 뒤표지에 있습니다. ISBN 978-89-349-7331-7 03900

독자 의견 전화 031)955-3200
홈페이지 www.gimmyoung.com | 카페 cafe.naver.com/gimmyoung
페이스북 facebook.com/gybooks | 이메일 bestbook@gimmyoung.com

좋은 독자가 좋은 책을 만듭니다.
김영사는 독자 여러분의 의견에 항상 귀 기울이고 있습니다.

리
컬
렉
션

이
종
선

호암에서 리움까지,
삼성가의 수집과 국보 탄생기
LEE-COLLECTION

일러두기

1. 책 제목·화첩 등은 《 》, 글 제목·개별 회화·유물·유적 등은 〈 〉로 표시했습니다. 문장 안에서 강
   조나 구별할 경우는 ' '로 묶었습니다.

2. 중국의 인명과 지명, 작품명 등은 우리의 한자음으로, 일본의 인명과 지명 등은 일본어 발음으
   로 표기하고 〔 〕속에 일본어를 넣었습니다.

3. 도판 설명은 작품 이름, 문화재 지정번호, 작가 이름, 시대, 재질, 크기, 소장처(소재지) 등의 순
   서로 표기했습니다. 크기는 cm 단위를 기본으로 세로×가로(높이×폭)를 원칙으로 하였습니다.

만약

수천 년에 걸쳐 남겨진 인류의 흔적을 볼 수 있는 시간이

단 하루밖에 없다면,

저는 주저 없이 바로 '박물관'으로 향하겠습니다.

헬렌 켈러

○   함께 알면 좋은 이야기

1 수집과 박물관

2 리 컬렉션의 시작

○   알고 싶은 이야기

○ 듣고 싶은 이야기

○　남기고 싶은 이야기

프롤로그

고고학자의 꿈, 이제야 시작을 이루다

우리나라 최고의 재벌이자 세계적인 부호, 이건희 회장에게 없는 게 있다면 그것이 무엇일까? 이 질문에 정확한 답을 알긴 어렵다. 그러나 대부분의 사람들이 천문학적인 부와 명성을 지닌 재벌가의 회장이라면 거의 모든 것을 다 가지고 있거나, 없다 하더라도 충분히 가질 수 있다고 생각할 것이다. 하지만 그런 그에게도 아직 가지지 못한 것, 끊임없이 바라고 열망하지만 여전히 그의 소유가 되지 못한 그 '무엇'이 존재한다.

최고의 부호가 여전히 갈망하는 대상은, 지금 존재하지 않는 어떤 것일 수도 있고 하나의 작품일 수도 있다. 분명한 점은 그가 아직 가지지 못했다는 사실이다. 애착과 집념의 경계를 넘나들며 평생을 매달려온 '수집-컬렉션'이 바로 그럴 것이다.

수집이란 누군가의 욕망을 훔쳐보기에 아주 좋은 방법이다. 무엇을 탐하는지, 또 어떤 이유로 애착을 갖게 되는지, 수집품과 수집하는 태도를 보면 수집가의 성향을 대번에 알 수 있다. 수집은 갈망과 행동력의 영역이지 부자富者의 영역이 아니다. 반드시 돈이 많아야 수집에 뛰어들 수 있는 것은 아니다.

아이가 저금통에 동전을 모으는 일도 일종의 수집이며, 소녀 시절 화초나 브랜드 신발 등을 모아들이거나, 고급 전자기기나 스마트폰에 집착하거나, 하다못해 어린 시절 탐구생활이나 관찰일기를 쓰는 습관들까지, 모두가 수집 행위라고 볼 수 있다. 아주 사소한 사물에도 자신만의 의미를 담아 모아두고 기록하는 일은 거의 모든 개인이 가진 역사이다.

이 책은 아직 채워지지 않은 그 '무엇'을 향한 이병철-이건희 회장 일가의 수집 이야기를 담아냈다. 삼성가家 2대를 거쳐온 수집 활동은 어느덧 우리나라 미술사를 아우르는 무수한 걸작들을 그 품속으로 끌어들였고, 시작과 끝에 언제나 내가 있었다. 삼성을 세우고 이끌어온 이병철-이건희 부자父子의 곁에 그림자처럼 머무르며, 그들의 수집벽癖을 또한 '수집'했던 나는 마침내 '명품 컬렉션'을 완성시킬 수 있었다. 우연찮게 시작한 이 길이 내 평생을 바칠 역사가 되리라고는 처음엔 미처 짐작하지 못했었다.

내가 대학에 진학하던 1960년대 후반의 한국은 마치 스모그가 자욱하게 낀 새벽녘처럼 암울했다. 불안하고 어두운 정권과 아직 가난을 벗어나지 못한 경제 상황은 문화생활 같은 것을 말하기엔 조심스러운 환경이었다.

그러나 또 한편으로 우리 역사와 유물 및 문화재에 대한 탐구가 절실하게 요구되던 시기이기도 했다. 유물 발굴과 관리에 필요한 인재를 배출하기 위해 박물관을 건립하려는 국가 차원의 움직임이 활기를 띠기 시작한 이유였다.

그러나 당시 우리나라는 산업화 과정 특유의 '빨리빨리'만을 강조하는 한계를 벗어나지 못하고 있었다. 그런 사회적인 분위기가 마뜩잖았던 나는 어려서부터 외교관이 되겠다는 열망을 품고 있었다. 그러나 주변에서는 역사 쪽 공부에 재능이 있다며 역사학을 전공하라고 권유했다.

고민은 꽤 길어졌는데, 갈피는 의외로 간단한 계기에서 잡혔다. 1961년 서울대에 고고인류학과가 신설되었고, 어쩌면 운명이 아닐까 하는 생각으로 덜컥 지원하게 되었다. 그렇게 나는 7기 입학생으로 고고학과에 진학했다. 당시 학과에는 고고학 전공의 김원룡 박사와 인류학 담당의 한상복 교수, 그리고 이제 막 석사과정을 끝내고 새로 부임한 신석기문화 전공의 임효재 교수가 있었다.

그 무렵 한국에서의 '고고학'이란 신생 학문이나 마찬가지였다. 희귀성과 수요 때문에 석사학위만 가지고도 바로 대학의 전임교수로 갈 수 있는 기회가 주어졌다. 신생 학과로 각광받기 시작한 고고학과에서 나는 학자가 되겠다는 꿈을 키우며 학업에 정진하고 있었다. 가정 형편상 외국으로 유학할 사정은 아니어서 국내 대학원에서 학위과정을 이수하면서 차근차근 대학교수가 되기 위한 준비를 했다.

그러던 어느 날 고고학계의 원로 김원룡 교수가 느닷없이 나를 자신의 연구실로 불렀다. 김 박사는 대뜸 "이 군, 삼성으로 가게!"라고 말하고는 어서 나가라는 손짓을 했다. 나의 직속 은사이기도 했고, 워낙 불같은 성격이어서 학생들이 우물쭈물하는 걸 참지 못하는 김 박사였다. 긍정도 부정도 하지 못하고 그대로 연구실을 빠져나왔다.

고민을 한다 해도 소용없었다. 김 박사가 내게 지시를 한 이상, 따르는 수밖에 없었다. 학자의 길도 유학의 길도 아닌, 재벌 기업에서 유물 연구를 하는 고고학도라니, 교수가 되고자 했던 청운의 꿈을 이렇게 접어야 하다니. 못내 억울하기도 했지만 동생이 다섯이나 딸린 가난한 형편에 외국 유학은커녕 대학원 이수조차 불투명한 상황이었다. 때는 월남전이 끝난 지 얼마 되지 않았고 사회도 안정되지 않아, 내게는 일반 직장이라도 기회만 되면 마다할 수 없었던 어려운 시기였다. 이 무렵 박물관 쪽의 취업 사정도 그리 좋은 편은 아니어서, 국립박물관 아니면 갈 만한 데가 별로 없었다.

여기저기 물어보기도 하고 나름대로 명분도 세우고 하면서 삼성 박물관 행을 굳히기까지는 오랜 시간이 걸리지 않았다. 내 가치관을 지키면서 애초에 고고학을 업으로 삼고자 했던 그 초심만 잃지 않는다면 황무지와도 같은 한국의 박물관 문화에 초석을 닦아나갈 수 있지 않을까. 그렇게 나는 자조 섞인 위안으로 마음을 다잡고 삼성의 박물관으로 진로를 정하게 되었다.

오로지 학자로서의 길을 생각했던 나는 그렇게 운명에 이끌려 삼성으로 들어갔다. 대학원을 마치고 전문가의 길에 들어서 의욕 넘치던 1976년부터 1995년까지 20여 년에 이르는 젊음의 시간 동안 나는 삼성 부자父子의 갈망을 보필하는 그림자가 되었다. 쉽지 않은 일이었다.

수집은 몰라도 박물관은 아무나 할 수 있는 일이 아니었다. 우리나라만 해도 이미 천 곳에 가까운 박물관이 존재함에도 유명무실한 곳이 넘쳐나는 것이 바로 그런 이유에서이다. 마치 모래 위에 세운 성처럼 문패만 박물관일 뿐, 내실을 제대로 갖춘 박물관을 찾아보기는 참으로 쉽지가 않다. 박물관의 출발은 수집이지만 수집의 끝은 박물관이 아닐 수도 있어서 그렇다.

박물관이라는 개념조차 존재하지 않았던 그 시절 척박한 문화환경 속에서 개인이 수집을 통해 박물관을 건립한다는 것은 오히려 원치 않는 '업보'에 가까웠다고 해야 할 것이다. 시샘과 질타는 물론 각종 사회적 사건들에 얽히고설킨 오해들이 쌓여가며 삼성가의 수집은 순수한 개인의 열망으로만 비춰지지는 않았다. 항상 시끄러운 구설수가 뒤따랐고, 겨우 자리잡은 수집품들이 온전하게 자리를 보전하는 일도 쉽지 않았다.

그러나 수집이란 어디까지나 애정과 갈망 그리고 집념의 문제가 아닌가. 애틋하고 간절한 갈망이 없었다면 이들의 '수집'이 그 수많은 풍파를 헤치고 나라를 대표하는 '명품'으로 오늘날 대중에게 선보일 수는 없었을 것이다.

나는 바로 그 명품들이 간직하고 있는 풍파와 숨겨진 이야기를 이곳에 담아내고 싶었다. 의도적으로 숨겨졌거나 뜻하지 않게 묻혀졌던 수집 그 뒤의 이야기들을 이제는 꺼낼 때가 되었다고 생각했다. 나는 누군가의 애정을 보필하는 데에 꽃 같은 젊음의 정열을 듬뿍 바쳤고, 이 이야기를 꺼내는 데 20년을 기다렸다. 참 무던히도 묵혀왔다.

내내 망설이고 호흡을 고르던 이야기를 이제서 하게 된 첫째 이유는, 작년으로 개관 11주년을 맞이한 명품 박물관 삼성미술관-리움˙의 경사를 축하하기 위해서이다. 대중의 문화 활동을 장려하고 품위 있는 소장품들로 역사의 맵시와 얼을 고이 간직하고 있는 리움이 어느덧 10년을 넘어섰다는 사실은 지난 시절의 모든 상념을 갈무리할 수 있는 촉매제가 되어주었다.

둘째는 비로소 '때'가 왔다고 직감할 수 있었기 때문이다. 흙더미를 헤

˙ 이후 리움 혹은 리움미술관으로 약칭.

친다고 곧장 유물이 나오지 않는다. 융기와 침강을 반복하며 오랜 시간을 거쳐야 대지는 비로소 유물의 흔적을 토해낸다. 마찬가지로 나는 바로 이 즈음이 삼성의 두 경영자가 대를 이어 이뤄낸 한국 미술사 속의 참맵시를 세상 밖으로 꺼낼 때임을 느꼈다.

삼성가 2대에 걸쳐 수집에서 시작하여 두 박물관(호암미술관과 리움미술관)이 만들어지기까지 지난한 역사의 정리는 미술사의 굵직한 획을 정리하는 의미가 될 것이다. 이렇게 대중에게 공개하며, 예술에 대한 그들의 애정을 국가와 모두에게 헌정했다고 생각한다. 그 모든 바탕의 역사를 손수 설계하고 착수해 오늘날의 호암과 리움이라는 멋스러운 박물관으로 만들어낸 나의 공에 대해서도 굳이 겸손의 덕을 내세우고 싶지 않은 이유이다. 내가 젊음을 쏟아가며 건립한 박물관에 대해 그만한 자부심을 지닐 수 있는 까닭은, 정말 한 치의 부끄러움도 없이 '박물관이란 무엇인가'를 고민한 내 젊음과 평생이 그곳에 고스란히 묻혀 있기 때문이다.

그러므로 앞으로 쓰여질 모든 이야기는 결코 삼성이라는 기업 주변에 대한 회고록이 아니다. 나는 고고학자였고, 박물관장이었으며, 수집가로 평생을 다해 수집과 박물관 외에는 외도를 해본 일 없이 외길인생을 걸어왔다. 그런 내가 할 수 있는 말은 오직 수집과, 그 역사가 만들어낸 맵시에 대한 이야기, 그것이 전부이다. 그 애틋한 애정과 수집의 역사를 다시 한 올 한 올 풀어 새롭게 엮어보려 한다.

이 모든 이야기에 대한 평가는 독자의 몫이다.

이종선

함께 알면

좋은 이야기

1 수집과 박물관

박물관은 살아 있다

사람들은 '박물관'이라고 하면 오래된 박제 표본이나 희귀한 골동품, 미라 따위를 떠올린다. 그런 인식의 저편으로 또 어딘가 신비롭고 황홀한 '미지의 세계'에 대한 강한 호기심으로 사람들은 발길을 모은다. 반대로 고리타분한 느낌이라며 멀리하기도 한다.

보통 사람들에게 박물관은 자신과는 거리가 멀고 접근하기 힘든 장소로 인식되는 경우가 많다. 해외여행을 가면 반드시 들러 보아야 할 곳들 중 첫 번째로 박물관을 꼽으면서도, 정작 그 앞에 가서는 입장료가 비싸다고 돌아서는 사람이 많다. 들어간다 해도 아리송한 작품들 사이에서 고개를 갸웃거리다가 쫓기듯 돌아서 나오기도 한다. 교육을 받지 않아서 내용을 모르니까 더욱 그렇다.

박물관은 영화 〈박물관은 살아 있다〉에서처럼 끝없는 모험과 스릴이 펼쳐지는 무대이기도 하며, 특별한 기획을 통해 많은 사람들을 끌어모으는 불가사의한 힘을 가진 곳이기도 하다.

오래전 일본 출장을 갔다가 도쿄국립박물관에서 '일본 국보전'을 본 적이 있다. 그때 차도를 가득 메운 수천수만이 넘는 인파들은 장관이었다. 입장하는 데에만 네 시간 가까이 줄을 서서 기다려야 했다. 그런 엄청난 마력의 원천은 바로 수집을 통해 체계화된 박물관 전시물과 각종 시청각 자료에서 나올 것이다.

좋은 수집품이 있다면 누구나 훌륭한 박물관을 만들 수 있다. 요즘에는 수집 개념이 단순히 골동품을 모아두는 데 그치지 않고 그 영역과 경계가 확장되어서 박물관의 종류와 범위가 대폭 늘어났다. '라면 박물관'이나 '핸드폰 박물관'이 있는 걸 아는가? 있다면 믿어지는가? 국립 등 대형 종합박물관과는 달리 다양한 면모를 보이는 사립 박물관들의 수집을 보면 그런 경향이 이해된다.

주요 수집 대상을 열거해보면 화석, 표본, 성보聖寶, 민속품, 생활사, 음식, 악기, 성서聖書, 문학 자료, 분재, 종교 용품, 장난감, 로봇, 자동차, 문서, 미니어처, 석물, 장송구葬送具, 주류, 용기, 과학 자료, 화폐, 건축사 자료, 와당, 부채, 한지, 조명구, 종이, 곤충, 공룡, 서적, 섬유, 퀼트 제품, 가면, 등잔, 카메라, 전화기, 핸드폰, 시계, 보석, 엽서, 배지, 의약 자료, 우표 등과 심지어 치과 재료에 이르기까지 다양하다.

인간은 본래 산짐승과 야생의 습격으로부터 자신을 지켜내기 위해 땅보다 나무 위의 생활에 더 익숙했다는 학설이 있다. 나무 위에는 먹이 또한 많았다. 그들은 인간의 손〔手〕이 바로 그 증거라고 이야기한다. 나무를 주요 서식처로 하는 영장류처럼 인간의 두 손도 나뭇가지를 움켜잡고 중심을 잡기 위해 엄지와 검지가 서로 마주 보고 오므렸다 폈다 하는 힘, 즉 악력握力이 발전하는 쪽으로 진화했다고 말한다.

반면 두 발은 몸 전체의 균형을 잡기 편하도록 진화했다고 한다. 나무 위의 세계는 완벽한 안전지대가 아니어서 인간은 언제부터인가 나무 아래로 내려오지 않으면 안 되었다. 생존을 위해 나무에서 땅 아래로 이주한 것이다. 어느 날 급작스럽게 활동의 주요 무대가 바뀌었다.

나무 밑으로 내려온 인간은 두리번거리며 주변을 살피고, 적으로부터 몸을 보호하기 위해 필연적으로 몸을 세워 멀리 내다보지 않으면 안 되었다. 그런 생존의 방법들 사이에서 두 발로 서서 멀리 보고 천천히 걷는 가운데 점차로 직립보행直立步行이 완성되었고, 그렇게 진화하면서 네 발 모두를 써야 하는 동물계로부터 떨어져 나오게 되었다.

그 과정 속에서 '고대인류古代人類'의 정착생활이 시작되었고, 특이한 행동 양상이 파생적으로 하나둘 생기기 시작했다. 본능적으로 반짝이거나 예쁜 것, 희한하고 귀한 물건들을 모으는 습관이 그중 하나이다. 인간의 본능적인 수집 습관은 훨씬 값지고 귀한 보물들을 거둬들이거나 전리품을 모아두는 방식으로 변모하였고, 이런 과정을 거쳐 이집트 고왕조시대에 이르러서 보물을 담는 '박물관'들이 생겨나기 시작했다.

이렇게 출발한 박물관들은 단순히 보기 힘든 물건들을 보관하거나 모아두는 장소에 그치지 않고, 인류 문명 발전의 증거물들을 찾아볼 수 있는 '역사 교실'의 역할을 담당하게 된다. 초기에는 진귀한 물건들을 두고 토론을 하거나 회의를 하는 장소로 사용되기도 했으나, 점차 체계를 갖춰나가며 여러 문명들의 보물창고로 발전해나갔다.

그러나 박물관의 진귀한 수집 보물들은 중세시대까지 극소수의 사람들,

즉 왕족이나 귀족 혹은 승려들이 독점했다. 그러다 시민사회의 등장과 산업의 괄목할 발전, 상업 수단의 보편화와 보조를 같이하면서 박물관은 더 많은 사람들에게 볼거리를 제공하는 전시장으로 기능이 확장됐다.

최근에 들어서는 보물창고나 갤러리의 기능에 더하여, 사회 교육의 마당 혹은 정보 제공이나 휴식·사교의 공간으로 탈바꿈하고 있다. 박물관의 진화와 발전은 미래의 인류에게 과거와는 전혀 다른 새로운 가치, 예를 들면 '정보창고'나 '창의력의 산실' 혹은 '유희의 공간'으로 끊임없이 가치를 재생산해 나가고 있다. 실로 박물관은 인류의 지나온 과거와 앞으로 가질 미래 모두를 담는 넓고도 너른 '어머니의 품'이다.

2013년 3월, 국내의 한 경매에서 조선시대 백자 한 점이 18억 원이라는 중가 아파트 두 채 정도의 거액에 낙찰되었다는 뉴스 보도가 있었다. 물론 이 정도 금액은, 중국 도자기 명품 한 점이 수백만 달러 이상을 호가하고 있고, 미국 팝아트의 선구자 앤디 워홀이나 인상파 회화 명작이 수천만 달러 이상으로 팔리는 데에 비할 바는 되지 못한다. 그렇지만 관심 있는 골동품 수집가뿐만 아니라 세간의 이목을 끌기에는 충분한 사건이었다.

문제의 조선백자는 18세기 금사리 관요官窯(중앙정부에서 운영하는 직영 가마)에서 제작된 〈청화백자운룡문호青華白磁雲龍文壺〉로, 발톱이 다섯인 속칭 5조룡五爪龍 무늬의, 높이가 60센티미터에 육박하는 커다란 항아리이다. 용도는 궁중행사 시 꽃꽂이 장식에 쓰였던 희귀한 관용 장식기로 추측된다. 이 백자항아리의 낙찰 결과를 흥미 있게 지켜본 이유는 우리나라 수집 행태의 한 단면을 보여주고 있다는 점에서이다.

같은 날 근대 낭만파 시인 이상李箱이 살았던 집터에 기념관을 건립하려 한다는 짤막한 보도가 있었다. 이 기사에서 우리나라 수집의 어설픈 면을 볼 수 있었다. 유감스럽지만 '이상기념관' 건립 기사에 그의 유품 수집에 관한 언급은 전혀 없었다. 기념관을 계획했다면 건물 이전에 시인에 관련된 유물이나 유품의 수집이 선행되지 않으면 안 된다. 마하트마 간디의 '검은 뿔테안경'이나 맥아더 장군의 '파이프'처럼 한 인물을 상징하는 특징적인 유물의 확보가 우선되어야 함에도 불구하고, 유물 한 점 없이 먼저 건물부터 세우는 것이 우리의 현실이다.

유물을 수집하는 일은 인류 역사의 생생한 증거물들을 모으는 작업으로, 박물관의 출발이 된다. 제대로 된 수집품 없이 박물관을 세운다는 것은 상정하기 어렵다. 작가의 기념관을 세운다면 건물과 함께 작가의 체취가 담긴 유물이 상당량 확보되어야 의미를 가질 수 있다.

박물관의 출발은 수집이다. 수집은 개인에 따라 질이나 양에서 차이를 보이지만, 대체로 우연한 계기를 통해 구체화되고 다시 체계화와 정식화의 길을 걷는다. 여가시간의 소일거리나 전문 연구에서 시작되어 점차 '수집 마니아'의 길로 들어선다. 이들 중 일부는 사업상 필요에 의해 수집을 이어가거나 소위 재테크로 기쁨을 맛보는 경우도 있다. 더러는 사고팔고 하면서 순간적인 재미를 만끽하기도 한다. 하지만 수집은 수집 그 행위 자체에서 희열과 만족을 얻는다. 수집 행위로부터 쉽사리 벗어나지 못하게 하는 마력이 있다.

수집의 방법으로 채집, 발굴, 교환, 구매, 전쟁을 통한 약탈 등이 있다. 체계화된 수집은 특별한 방법과 목표를 갖고 진행된다. 개인 수집가마다 나름대로 '노하우'가 있는데, 전문 상인을 통하기도 하고 인터넷이나 옥션 등을 이용하기도 한다. 하지만 중요한 사실은 수집의 방향이나 내용이 자신의 수집 계획과 잘 들어맞는가를 수시로 확인, 점검해야 한다는 점이다.

개인적 차원의 수집으로부터 공공 차원의 수집, 즉 공개를 전제하는 수집으로 옮겨가게 되면, 수집 행위 자체에 소통(정보, 감상, 지적 활용 등)이라는 부차적 가치가 추가되어 특별한 의미가 부여된다. 특히 박물관 자료의 수집과 그 집적은 역사 이해를 위한 출발이 되며, 과거와의 소통을 폭넓게 이루어지게 한다. 이는 인류에 대한 사랑과 이해로 발전하여, 현재와 같은 다문화·무국경 사회에서 필요로 하는 질적인 소통과 교류를 가능하게 한다. 이를 통하여 우리는 조화로운 사회에 더욱 근접하게 되는데, 수집이야 말로 그 단초를 제공하는 중요한 지적 행위에 해당된다.

우연한 동기에 의해 수집을 시작한 경우라도 수집의 본 단계에 들어서면 대개 중심 테마를 설정하고, 학문적인 분석을 곁들이는 과정을 겪게 된다. 취미에 의한 접근의 경우, 시간이나 경제력 등의 요소를 감안하여 대개는 어느 정도 선을 그어놓고 그 범위 안에서 수집을 해나간다. 학문적 호기심을 동반하는 때에도 이와 비슷한 경향을 보인다. 골치 아픈 문제는 재테크나 다른 목적으로 수집을 고집스럽게 이어나갈 경우에 많이 생긴다.

그런 면에서 수집 행위 자체가 대를 이어 1대로부터 2대 혹은 3대까지 이어지기란 쉽지가 않다. 왜냐하면, 수집 자체는 어렵고 고생스러운 길로 접어드는 경우가 많고, 그에 대한 보상은 적거나 거의 없기 때문이다. 당대의 수집가가 당대의 수집 행위와 명성 안에서 끝나는 경우가 많은 것은 그런 연유에 기인하고 있다. 이처럼 수집은 돈만 가지고 되는 일이 아니다. 정성만 갖고도 되지 않는다.

그렇다고 수집가 모두가 박물관을 목표로 수집을 하지는 않는다. 그럴 필요도 없다. 다만 이 책에서 관심을 갖는 부분은 박물관 건립을 염두에

둔 수집가인데, 이 경우 본인이 어디까지 감당할 것인가에 대한 냉철한 판단이 요구된다. 수집은 할수록 늘게 되어 있고, 어느 단계까지 가면 개인으로는 감당하기 어려운 지경에 이르게 된다. 박물관 차원의 수집이라면 무엇보다 '소통을 전제로 하는 공개'와 '상업적인 판단이 배제된 윤리'가 중요하다.

정부나 지자체 혹은 해당 박물관은 그러한 추이의 변화에 걸맞은 지원 정책을 취하지 않으면 안 된다. 지자체가 세운 공립박물관이나 일부 대학박물관은 예산과 인력의 부족으로 수집 계획 자체가 없는 경우가 많다. 이는 박물관을 건축 마감행사 위주로 끝내고 마는 오래된 악습인데, 이의 보완을 위해 개인의 수집을 최대한 활용할 필요가 있다. 김천시가 세운 유럽도자박물관(부천 유럽도자박물관의 확장)이나 청강대학교의 해강도자미술관 인수, 숙명여대의 정영양자수박물관, 단국대학교의 석주선기념관 등이 그러한 예에 속한다.

지자체들에서는 향토미술관을 세워 동향 출신의 작고 작가 작품으로 채우려 하는데(용인시 백남준미술관, 대전시 이응노미술관 등), 대부분의 공립박물관들이 그런 정도의 수준에 머물러 있어서 지자체 정책의 허점을 드러내 보여주고 있다. 많은 경우, 전적으로 기증에 의존하여 기증실을 마련해놓고 자체 예산을 들이지 않고 수집을 때우려 하고 있다. 이에 비해 미국 등 선진국들은 국가위원회 등의 기구가 있어 중요한 유물들의 수집을 돕고 있다.

사람이나 자연, 과학이나 예술 그 어떤 분야도 이제 박물관 없이는 제대로 이해할 수 없게 되었다. 수집은 정보로, 정보는 다시 수집으로 꼬리를 무는 박물관 활동이 인류를 풍요롭게 하고 있다. 박물관은 마치 살아 있는 생명체처럼 스스로 성장하고 경계를 확장하며 그 가치를 더해가고 있다.

삼성패밀리, 그 속으로

나는 이 책에서 '삼성가家와 수집', '박물관과 문화' 그리고 '그 속에 있었던 사람들'에 초점을 맞추어 이야기를 풀어나갈 것이다. 어떤 이에게는 이 내용이 단순한 호기심 충족에 지나지 않을 것이고, 어떤 이에게는 비판거리가 될지 모르겠다. 그러나 나는 누군가의 호기심을 채우거나 말하기 좋은 이야깃거리를 기록하려 함이 아니다. 1970년대 중반부터 약 20년간 내가 직접 몸담았던 호암미술관에서 리움미술관으로 이어지는 과정에서, 삼성이 단초가 되었던 우리나라 문화 예술계 발전의 한 단면을 알리고 싶을 뿐이다.

내가 수십 년 동안 옆에서 직접 보고 체험했던, 이병철로부터 이건희까지 수집과 박물관에 관련된 상세한 에피소드와 내막은 누구도 알 수 없는 이야기, 아무나 할 수 없는 이야기이다. 그들이 기업 외적인 활동으로 왜 수집을 시작하게 되었는지, 개인적 취향이 수집에 어떻게 반영되었는지, 수집품이 명품의 반열에 올라 박물관에 자리 잡기까지 어떤 과정을 거쳤는지에 대해 그려낼 것이다. 그 안에서 우리 문화유산을 복원하고 명품이 탄생하고 자리 찾기까지의 숨겨진 문화사를 보게 될 것이다.

이것은 우리 모두의 자산으로 가치가 있다. 수집은 누구나 할 수 있는 일이지만 박물관은 그렇지 않기 때문이다. 박물관의 건립은 '공공화'를 의미하며 이는 '수집의 사회 환원'이라는 형태로 수렴되기에 그렇다.

이병철 회장은 그의 수집이 대구 시절 주변 인사들의 권유에 의해서 시작되었다는 회고담을 내게 들려준 적이 있고, 그 내용은 사실과 다르지 않다. 다만 단순히 권유에 따라서인지 본인의 결심이 우선했는지에 대한 판단은 쉽지 않다. 추정컨대 집안의 유교적인 가풍과 선비 같은 그의 품성이 주변의 권유를 계기로 하여 취미로 이어졌을 가능성이 높은 것 같다.

그는 붓글씨를 생활 속에 들여놓았고 집 주변을 동양화와 서예로 가득 채우기를 즐겼다. 그림은 이당 김은호, 글씨는 일중 김충현의 작품이 주종을 이루었고, 내용은 '三顧草廬삼고초려' 같은 인재 발탁 관련이거나 조부 문산공의 시문 혹은 당시唐詩 등에 이르는 문학적인 것들이 대부분이었다.

수집의 내용을 보면 그의 취향을 알 수 있다. 〈가야금관〉(국보 제138호)이나 〈비산동세형동검〉(국보 제137-1호) 등의 역사유물과 〈청자진사주전자〉(국보 제133호), 〈군선도병풍〉(국보 제139호) 등 걸작 명품들이 주를 이루었다. 특정 분야에 쏠리거나 집중하는 경향을 보이지는 않았고, 고려 불화의 역수입에서 보듯이 애국적인 역할에 해당되는 일이면 주저하지 않고 수집 경쟁에 뛰어들었다. 그러나 수집 자체를 너무 서두르거나 고가의 작품에 휘둘리지는 않았다. 같은 물건이라도 비싸다는 소문이 있으면 쳐다보지도 않는 냉정한 면모도 있었다.

노년에 들어서면서 그는 수집된 유물들을 어떻게 해야 되는지에 대한 고민을 많이 했다. 박물관의 객관적인 운영을 위해 삼성문화재단을 설립하고 수집품 전체를 기증한 것은 그런 고민에 대한 해답이었다. 현재 리움 미술관에는 그가 기증한 유물들이 주종을 이루고 있는데, 주로 도자기나 금속공예 계통의 희귀한 유물들이 많은 것도 그의 취향이 반영된 결과이다.

골동가에서 간혹 이병철 회장의 친형 이병각의 이름이 거명되곤 했다. 그는 수집가라기보다 골동에 관심을 가졌던 사람으로 보인다. 이 회장의 친족이라 골동업계에서는 그를 통해 유물을 대려는 움직임이 많았는데, 그 한 예가 〈가야금관〉이었다. '금관'이라는 말 한 마디만 갖고도 골동업계는 흥분하던 차에 〈가야금관〉의 출현은 그 자체가 빅뉴스였다. 그동안 〈신라금관〉은 여럿 알려져 있었지만 〈가야금관〉의 출현은 최초였다. 그러나 고분 출토품은 도굴 가능성이 많아, 수집가들은 관심이 있다 하더라도 여간 조심하지 않으면 안 되었다.

직계는 아니지만 이병철 회장의 사돈 홍진기 중앙일보 회장도 수집에 관심을 가졌다. 호암미술관의 초대 관장을 역임한 홍진기는 언론 관계의 일로 유럽 출장이 잦았고, 그때마다 여러 박물관을 찾았다.

이병철 회장의 자녀들도 대부분 수집과 인연을 맺었다. 장녀 이인희는 신라호텔의 경영에 관여하면서 수화 김환기의 작품을 비롯한 현대미술품의 수집에 관심을 보였다. 전주제지의 대주주가 되면서 종이박물관을 건립할 계획을 세웠고, 한때 종이산업의 고향이랄 수 있는 전주에 '한솔종이

박물관'을 개관, 운영했다. IMF 위기 때 전주의 한솔종이박물관을 외국 회사에 매각했다가 최근에 한솔그룹이 재매입하여 서울에 있는 한솔문화재단으로 옮겨 관리하고 있다.

2013년 강원도 문막에 오크밸리 리조트를 조성하면서 종이박물관과 현대미술관을 겸한 '한솔뮤지엄'을 개관했다. 한솔뮤지엄은 이인희 필생의 역작으로 건립되었는데, 며느리 안영주(조동길 회장 부인)가 거들고 있는 것으로 알려져 있다. 일본의 세계적인 건축가 안도 다다오가 설계한 뮤지엄(공사 면적 14,000제곱미터)에는 한솔그룹 이인희가 수집하고 소장해온 종이 관계 유물(박물관)과 현대미술 작품(미술관)들이 전시되고 있다. 〈초조본 대방광불화엄경 주본 권 36〉(국보 제277호), 〈묘법연화경 권 1~3〉(보물 제1153호) 등 다양한 종이 관계 유물들과 고미술품들은 박물관에서 감상할 수 있다. 주변 자연에는 조각작품들을 조화롭게 배치하여 문화 명소가 되고 있다.

한솔그룹이 운영하는 오크밸리 컨트리클럽은 이인희가 직접 코스를 따라 조각품을 배치하고 유명 화가들의 작품을 클럽하우스에 내거는 등의 노력으로 아름다운 골프장으로 이름이 나 있다. 거장 헨리 무어의 조각을 비롯해 문신과 최만린 등 국내 작가들의 조각품, 회화, 도자기, 판화, 민화 등이 다양하게 구비되어 있다. 자선경매에 방혜자의 작품을 내놓는 것으로 보아 다양한 수집 경향을 알 수 있다.

이병철 회장의 막내딸 이명희(신세계 회장)도 일찍부터 미술품에 관심을 보여왔다. 오래전에 신세계백화점에 '신세계미술관'을 운영하며 국내 유수의 미술품 수집가로 발을 들여놓았다. 작품의 수집은 특별히 어느 경향에 집중하거나 휩쓸리지 않고 김환기나 유영국 등 서양화 대가들의 작품을 주로 수집했다고 알려져 있다. 최근에 미국의 대표적인 팝아트 조각가

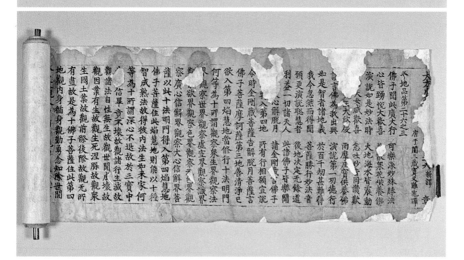

초조본 대방광불화엄경 주본 권 36 · 국보 제277호

고려시대 | 28.5×891cm | 한솔제지(주) 소장

제프 쿤스의 작품을 구입한 것도 그런 맥락에서 이해된다.

당시 신세계미술관은 단순히 백화점의 부속 미술관이 아니라 중요한 미술작품의 발표처이자 수집의 출발점으로서의 역할을 담당했다. 1970~1980년대에 신세계미술관은 많은 작가들이 전시회를 여는 중요한 전시공간이었다. 고려대박물관의 이규호 선생이 고문을 맡아 미술관의 틀을 잡았으며 미술계에서 중요한 역할을 하는 미술관으로 입지를 굳혀왔다. 신세계미술관과는 별개로 용인의 연수원에 우리나라 유통의 역사를 보여주는 박물관을 운영해오다가, 최근에 그 면모를 일신하여 상업사박물관으로 재개관하였다.

이건희 회장은 어려서부터 영화 필름을 수집하며 영화광으로서의 수집력을 발휘했고, 그런 바탕 위에서 수집가의 면모를 갖추어갔다. 부친의 수집을 보면서 그만의 독자적인 수집력을 쌓았고, 결국 호암과는 다른 차원의 '리움컬렉션'을 완성시키게 되었다. 만약 삼성의 2대 회장이 다른 사람이었다면 리움의 탄생은 요원했을지도 모른다. 이건희 회장의 수집이 부친 이병철 회장이 억지로 시켜서 된 일이 아니기에 더욱 그렇다.

이건희 회장의 부인 홍라희는 미술대학 출신의 미술관장으로서 전문성을 갖춘 수집가로 손꼽힌다. 홍진기의 장녀로 삼성가의 며느리가 된 그녀는 일찍부터 수집가의 훈련을 받았는데, 시아버지 이병철 회장에게서 일정 금액의 돈을 받아 인사동 골동가에서 값싼 미술품을 사면서 안목을 키워나갔다. 현재 리움미술관의 관장으로 재직하면서 전시회 개최나 미술계 인사의 접견 등 왕성한 활동을 벌이고 있다. 일선에 나서기 전에도 천재 비디오작가 백남준을 만나 작품 수집에 포함시키는 등 리움미술관의 현대미술 컬렉션을 주도해왔다. 이병철 회장이 부인 박두을 여사에게 엄격한 내조를 요구했던 데에 반해 이건희 회장은 홍라희 관장이 미술계에서 왕성하게 활동하는 것을 적극적으로 지원한 것으로 보인다.

누가 뭐래도 박물관 분야에서 삼성은 우리나라 문화 발전에 선구적인 역할을 해온 점을 인정하지 않을 수 없다. 1982년 호암미술관이 개관하였을 때, 이는 기업에서 본격적으로 박물관을 운영하는 신호탄이 되었다. 그후 일종의 유행처럼 기업의 박물관 사업은 확산일로에 들어섰다. 내로라하는 기업들이 앞다투어 박물관을 개관, 운영하기 시작했다.

기업은 없어졌지만 대우그룹에서 선재미술관을 서울과 경주 두 곳에서 운영하고 있고, SK는 워커힐미술관을 아트센터-나비라는 이름으로 바꾸면서 미디어미술 쪽으로 방향을 고쳐잡아 운영하고 있다. 성곡미술관은 쌍용그룹, 금호미술관은 금호아시아나그룹, 일우스페이스는 한진그룹, 63 스카이미술관은 한화그룹, 기존의 롯데민속관은 롯데그룹 등, 예를 들자면 많지만 예외 없이 박물관이나 미술관을 자사의 간판상품처럼 경쟁적으로 개관하여 운영하고 있다.

리움미술관이 만약 용인에 있는 호암미술관 차원에서 성장을 멈추어버렸다면 지금의 모습과는 많이 달라졌을 것이다. 단순한 수집가의 취미 이상으로 기업가 정신이 영향을 미친 덕이지 아닐까 한다. 뮤지엄 본연의 가치를 살리려 하는지에 대해서는 여러 의견들이 있지만, 삼성이 이런 흐름의 선두에 있음을 부정할 수는 없다.

묘법연화경 권 1~3 · 보물 제1153호 조선시대 | 27.5×16.5cm | 한솔제지(주) 소장

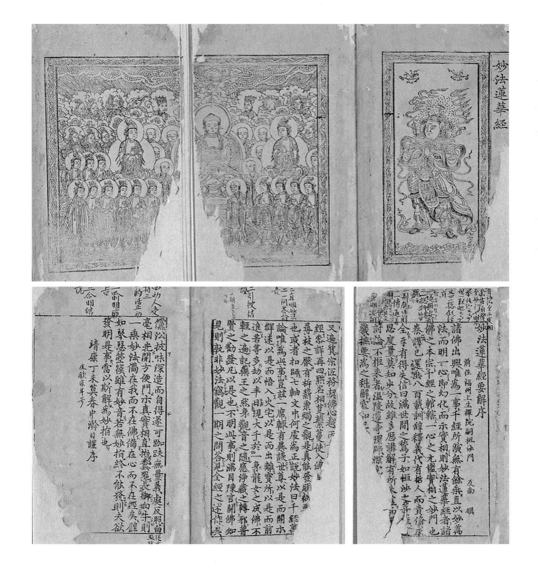

국보 100점 수집 프로젝트

현재 삼성가는 국보급 문화재 160여 점을 소장하고 있다. 바로 '국보 100점 수집 프로젝트' 때문이다. 일반에게는 거의 알려져 있지 않은 이 프로젝트의 시작은 꽤 오래전으로 거슬러 올라간다. 기업을 일구는 노력 못지않게 이건희 회장의 수집철학은 명품을 목표로 하되 일류가 되는 것이었다. 그의 이런 수집철학이 삼성의 경영이념에서 보이는 넘버원, 즉 제일주의로 통하지 않았을까 생각한다. 일류가 아니면 살아남지 못한다는 이야기는 여러 번 강조하는 중요 포인트로 이미 세상에 잘 알려져 있다.

우리 미술품이 국보나 보물로 지정되려면 반드시 그럴 만한 연유가 있어야 한다. 국보급 유물의 경우, 대상이 되는 유물들은 일정한 절차에 따라 지정문화재 후보로 올려 심사를 거치게 되어 있다. 또한 지정문화재에는 여러 등급이 있다. 대체로 국보, 보물, 문화재, 지방문화재 등의 순으로 지정되는데 아무래도 국보는 다른 등급에 비해 미술적 가치나 희귀성 면에서 급수가 높은 위치에 있는 유물들이 대부분이다.

이런 유의 국보급 유물들을 다수 수집하려는 계획이 '국보 100점 수집 프로젝트'였다. 물론 국보만 가지고는 수를 채우기가 부족했기 때문에 보물까지 아울러 프로젝트를 완성해야 했다. 이건희 회장의 지론에 의하면, 명품 한 점이 다른 많은 수집품의 가치를 올려주고 체면을 세워준다는 것이다. 때문에 해당 분야, 예를 들어 도자기라면 청자에서, 금속유물이라면 금관에서 국보를 수집했다. 100점의 수는 물론 질적으로도 높은 목표에 이르겠다는 계획이었다.

호암미술관이 개관할 즈음 지정된 문화재의 수량을 살펴보면 그 윤곽을 더듬어볼 수 있다. 호암 수집품의 간판급 유물로 잘 알려져 있는 〈청자진사주전자〉(국보 제133호)를 포함한 국보 12건과, 호암이 제일 아꼈던 〈청자상감운학모란국화문매병〉(보물 제558호)을 포함한 보물 9건, 도합 21건이 삼성문화재단에 기증되어 호암미술관의 소유로 되어 있었다.

당시로는 간송컬렉션과 비슷한 수준이라 보여졌다. 간송미술관에서는 23건 정도 수집되어 있었다. 그러나 현재 서울의 리움미술관과 용인의 호암미술관에는 국보 37건과 보물 115건, 도합 152건이 분산되어 전시되거

청자상감운학모란국화문매병 · 보물 제558호

고려시대 | 높이 32.2cm 입지름 7cm 밑지름 14.5cm | 삼성미술관-리움 소장

나 보관되어 있다. 삼성에서 총 150건이 넘는 국보급 문화재를 수집해놓은 셈이 된다. 여기에는 호암 이병철 회장의 수집품 외에 삼성문화재단이 신규 구입한 문화재들이 일부 포함되어 있는데, 대부분은 이건희 회장이 소위 '국보 100점 수집 프로젝트'를 추진한 성과물로 수집, 소장되어 있는 것이다. 이는 물론 한솔그룹의 수집품을 합쳐서 삼성가 전체를 통틀어 이야기하는 것이지만, 개인의 수집으로 국한해놓고 볼 때 국보급 지정문화재 160건이라는 숫자는 전무후무한 일로 기록될 수 있는 대단한 성과이다.

여기에 참고로 국보급 문화재의 소유 내용을 잠시 들여다보자. 개인 수집가들 중에 지정문화재를 상당수 소장하고 있는 예들이 더러 있지만 박물관을 제대로 운영하고 있는 경우는 많지 않다. 1938년에 건립된 간송미술관은 간송 전형필의 맏아들인 전성우 명의로 국보 12건과 보물 11건, 도합 23건을 보유하고 있다. 윤장섭 회장이 건립한 호림박물관은 성보문화재단 명의로 국보 8건과 보물 46건을 보유, 전시하고 있다.

수집을 시작하여 박물관 운영으로 이어지고 있는 대표적인 사립박물관 3개소를 놓고 볼 때, 간송미술관은 23건, 호림박물관은 46건, 둘을 합쳐도 70건이 되지 않는다. 물론 간송이나 호림이나 이 분야에서는 자타가 인정하는 훌륭한 박물관으로 꼽힌다. 그러나 삼성은 한솔그룹을 제하고 보더라도 그 둘을 합친 수의 두 배가 넘는 152건이나 된다. 호암미술관 개관 무렵 21건에서 그 일곱 배를 넘어섰다.

금강전도 · 국보 제217호

정선 | 조선시대 | 종이에 수묵담채 | 130.8×94.5cm | 삼성미술관-리움 소장

萬二千峯皆骨山何人用
意寫真顏衆香浮
動扶桑外
積氣雄蟠
世界
間
歲寒
芙蓉甲乙素
半林松
柏偃玄闊怨今腳
端頂今遍爭似枕邊者不慳

甲寅
本

金剛全圖
謙齋

이건희 회장이 심혈을 기울여 수집, 달성한 국보 100점 프로젝트의 내용은 대단한 수집품이 아닐 수 없다. 이는 대부분 1980~1990년대에 들어 집중적으로 수집한 결과로, 그 일을 주도하는 위치에 있었던 나 또한 자부심을 느낀다.

이건희 회장의 목표는 명백했다. 그가 시작한 국보 수집은 이병철 회장과 의논되었던 일은 아니었다. 이건희 회장의 개인적 수집은 일찍부터 시작되었고, 호암미술관과는 별개로 진행되었다. 그는 이미 개인 수집가들로부터 상당히 좋은 작품들을 인수하여 소장하고 있었다. 대표적인 유물로는 〈인왕제색도〉(국보 제216호), 〈금강전도〉(국보 제217호) 등의 고서화를 비롯하여 특급의 도자기들도 상당히 많이 있었다. 그런 가운데 본격적인 국보급 유물의 수집은 〈고구려반가상〉(국보 제118호)으로 잘 알려졌던 김동현의 수집품 인수에서 시작되었다.

김동현은 한국전쟁의 와중에서도 〈고구려반가상〉을 비롯한 몇 점의 금속유물을 목숨처럼 지켜냈다. 오랜 세월 맨밥에 간장으로 연명하는 팍팍한 생활 속에서도 이 유물들만은 은행 금고에 보관하면서 비싼 사용료를 물었다. 때문에 주변에서는 이 유물들을 팔아서 팔자를 고치라는 유혹이 많았다.

그래서였는지 김동현 부부는 사람을 거의 믿지 않았다. 내가 직접 호암미술관을 소개하고 수집 계획을 설명해도 좀처럼 믿지 않는 상황이 꽤 오래 지속되었다. 그러는 중에도 계속 이 부부에게 호암미술관의 전시실이나 부대시설 등을 직접 안내하고 관계를 만들어가는 끝에 결심을 이끌어낼 수 있었다. 이렇게 일대일로 끈기있게 접촉해가면서 여러 수집가들의

분청상감어문반(분청사기 상감 '정통5년' 명 어문 반형 묘지) · 보물 제577호

조선시대 | 높이 9.4cm 입지름 35.8cm 밑지름 13cm | 삼성미술관-리움 소장

주옥같은 보물들을 삼성으로 들어오게 할 수 있었다.

다른 수집가에게서 조선 초기의 명화 양송당 김시의 〈동자견려도〉(보물 제783호)를 입수하였고, 조선 초의 분청사기 명품 〈분청상감어문반〉(보물 제577호 〈분청사기 상감'정통5년'명 어문 반형 묘지〉)과 청자 명품 〈청자양각죽절문병〉(국보 제169호) 등을 넘겨받았다. 민화 걸작 〈호피장막책가도〉를 포함한 민화 다수를 인수했는가 하면, 불교미술사 학자로부터 〈금강경〉(국보 제210호 〈감지은니불공견삭신변진언경 권 13〉) 한 축을 인수하기도 하였다.

이 무렵 시중에서는 "좋은 물건은 모두 삼성으로 간다"고 할 정도로, 고미술은 물론이고 근현대 작품에 이르기까지 다양한 분야의 명품들이 속속 이건희 회장의 수집품 속에 둥지를 틀었다. 운보 김기창과 우향 박래현 부부의 대작 30여 점이 일거에 수집되기도 하였고, 원각사 벽화의 원본과 거의 동일한 소정 변관식의 보덕굴 대작도 들어왔다. 국전 초대 대통령상을 수상해 유명해졌던 유경채의 유작 수십 점도 이때 입수되었다.

불우한 일생을 보낸 박수근의 대작 〈소와 유동遊童〉도 입수되었다. 이중섭의 대표작 '소 시리즈'도 이때 들어왔다. 수화 김환기가 상파울로 비엔날레에 출품했던 '점묘 대작'도 이즈음 구입했는데, 뒤에 값이 크게 올랐다. 평생 소품만 고집했던 장욱진의 주옥같은 작품들도 이 시기에 집중적으로

청자양각죽절문병 · 국보 제169호
고려시대 | 높이 33.8cm 입지름 8.4cm 밑지름 13.5cm | 삼성미술관-리움 소장

매입했다.

비교적 미술시장이 비교적 활황을 보였던 1970년대 후반으로부터 1990년대 중반까지로, 마음만 먹으면 좋은 작품을 얼마든지 구입할 수 있었던 시절이었다. 그러나 단순히 시장이 좋고 매물이 끊이지 않는다고 해서 명품들을 수집할 수 있었던 것은 아니다. 물론 운도 따랐지만 이렇게 수준을 높일 수 있게 된 데에는 무엇보다 타의 추종을 불허하는 이건희 회장의 결심과 추진력이 밑받침되었기에 가능했다고 여겨진다.

한 개인이 국가의 보물을 100점 넘게 갖고 있는 경우는 국보급 미술품을 사들이기에 급급한 일본에도 없는 그야말로 전무후무한 일이다. 돈이 있다고 해서 누구나 국보를 수집할 수 있는 것은 아니다. 쉽지 않은 경로를 통해 어렵게 우리의 국보를 사들이거나 우여곡절 끝에 해외로 유출될 뻔한 우리의 보물들을 지켜냈다는 시각으로 볼 때, 이들의 수집 활동에는 우리가 말하는 '애국' 정신이 있었다고 말하고 싶다. 살아오면서 어깨를 치켜세울 만한 일은 별로 없지만, '국보 100점 수집 프로젝트'를 제안하고 완성한 나 자신도 애썼다고 자찬하고 싶다.

금강경(감지은니불공견삭신변진언경 권 13) · **국보 제210호**

고려시대 | 30.4.8×905cm | 삼성미술관-리움 소장

不空羂索神變真言經卷第十三

慕

門開入皆無導鬼神見者悲背歡喜
復以杖襯拄米哆羅心工誦悲地王
真言令米哆羅吐䤵唎娜耶便取執
持即得騰空自在無導獲得一切大
力鬼神三昧耶如摩醯首羅得大自
在壽命万歲復一稱斜字一以杖襯
拄米哆羅心上七下又以杖襯打喉
上七下米哆羅自吐舌出持刀割取
便變成劍當佩身者獲得一切劍仙
三昧耶壽命万歲一十八千劍仙為
伴又以杖襯打米哆羅頭上七下發
遣米哆羅變成閻浮檀金此金一兩赤
米哆羅變成閻浮檀金此金一兩赤
銅百兩和融銷鑄成上真金世尊說
此世間成就法者悲愍當來一切有
情令得證入菩提故說

不空羂索神變真言經卷第十三

至元十二年乙亥歲高麗國
王發願寫成銀字大藏

2 리 컬렉션의 시작

이병철, 절제의 미학

　호암(아호) 이병철은 체격이 크지 않고 몸매는 호리호리한 편이었다. 신장 167센티미터에 몸무게는 60킬로그램을 넘지 않았다. 평생 그 틀을 크게 벗어나지 않았다. 얼굴의 윤곽은 지방질이 없고 갸름한 편으로, 이런 모습을 본인도 익히 알고 스스로 '양羊의 상'을 가졌다고 말했다. 전체적인 인상은 그를 아주 단정한 사람으로 보이게 했다. 이목구비가 반듯하고 유독 귀가 큰 편이었는데, 호암은 자신의 귀가 크고 얼굴 윤곽이 양의 모습을 한 것이 사주에 나오는 부자상富者相이라고 말한 적이 있다.

　옷차림 역시 단정했는데, 단적으로 바지의 끝을 길지도 짧지도 않게 입기를 즐겼고, 늘 날이 서 있는 일자바지를 선호했다. 전체적으로 그의 모습은 단아한 것이 특색인데, 머리에서 발끝까지 어느 한 군데 흐트러짐이라곤 찾아보기 어려울 만큼 언제나 깔끔한 모습이었다.

웬만해서는 정장을 하지 않고, 정기적으로 골프를 치는 수요일에는 빨간색 가죽점퍼를 즐겨 입었다. 손님을 만나거나 회의가 있는 날은 넥타이와 타이핀을 갖춘 정장 차림을 하기도 했지만, 화사한 색이나 세련된 디자인을 선택해 엄격하면서도 젠틀한 면모를 잃지 않았다.

그에 비한다면 이건희 회장은 얼굴 모습이나 복장에 있어서 아버지와 상당히 다르다. 이병철 회장에 비해 그는 수수한 차림에 꾸미지 않은 모습을 즐기는 편이다. 옷에는 그다지 신경을 쓰지 않는 편으로, 아버지 이병철이 감색 양복의 '일본 취향 세대'라면 아들 이건희는 콤비 차림의 '미국 취향 세대'라고 불러도 좋을 것 같다.

호암의 내면을 들여다보면 '절제節制'를 가장 두드러진 특징으로 꼽을 수 있다. 그는 멈추어야 할 때와 나아가야 할 때를 정확하게 판단했고, 스스로 진퇴에 강약을 조절하는 능력을 지니고 있었다. 감정을 억누르고 통제할 줄 알았다. 마치 습관처럼 몸에 배어 있었다고 말하는 게 맞을 것이다.

유교적인 엄격함으로 단단히 단련되어 있는 절제의 힘은 위기상황에서 더욱 빛을 발했다. 한때 그가 한국비료를 국가에 헌납하고(1967), 이어 TBC-동양방송까지 사회에 환원하고(1980) 나서 눈물을 흘렸다는 소문이 돌기도 했는데, 이는 사실과 다르다. 초기에 후계자로 지목되었던 맏아들 이맹희는 아버지를 이렇게 기억했다.

"아버지가 가진 장점은 절제였다. 진퇴 시점을 정확히 판단했고, 기를 조절할 수 있는 능력을 가졌다. 감정을 절제했다. 한비와 동양방송을 헌납하고 눈물을 흘렸다고 하는데 사실이 아니다. 좀체 화를 내는 법도 없고 호불호를 드러내는 법도 없었다. 고개를 끄덕이면 찬성한다는 표시이고 딴전을 피우면 반대한다는 뜻이다. 싫다, 좋다는 직설적 표현은 없다."

그는 덧붙이기를, "아버지와 농담을 나누는 사람으로는 한국유리 최태섭, 한국화약의 김종회 그리고 천우사 전택보 사장 정도였다"라고, 아버지의 절제된 인맥관계에 대해서 언급하였다. 주변 인물들과 상당한 거리를 두는 엄격함을 보였다는 이야기이다. 달리 표현하면 카리스마가 강한 반면 고독했다는 말이 된다.

그런 그였기에 헌납 건으로 일반인이라면 크게 흔들리는 모습을 보였겠지만, 겉으로 보기에 어떤 흐트러짐도 없었다고 한다. 그 일이 있은 후에도 그는 잠 잘 자고 일상생활에서 한 치 어그러짐 없이 종전 그대로였다고 한다. 무서운 자기통제력이 아닐 수 없다.

그런 일들이 있은 후, 그는 입버릇처럼 "정치가를 믿지 말라!"고 하며 정치와는 확실하게 선을 그었다. 그런 내력 때문인지 모르겠지만, 이건희 회장이 "정치는 삼류" 운운했다가 곤욕을 치른 일화도 있다. 정치와 거리를 두려는 삼성가의 유별난 운신법 탓에 기업 활동에 적지 않은 제약이 따르는 경우도 있었겠지만, 그렇다 하더라도 이 철칙을 깨는 일은 결코 생기지 않았다.

호암은 말수가 적은 데다 그나마 그 짧디짧은 말마저 알아듣기 힘들 정도로 특이했다. 경상도 사투리에 특유의 남도 식 강한 억양, 거기에다 살점 하나 붙지 않은 말들로 턱턱 자르는 대화법을 습관적으로 구사하였다.

"히기 단디 하래이!"

'회계를 단단히 하라'는 말인데, 무슨 얘기인지 알아듣지 못하고 반문을 한다 해도 두 번 다시 반복하는 일은 없다. 반문도 못하지만 그게 뭐든 간에 알아서 해야 한다. 매사 그러니 삼성의 고위 임원들은 죽을 맛이었다.

그저 감(?)으로 알아들을 수밖에 달리 방법이 없었다. 말귀를 제일 잘 알아듣는다는 소병해 비서실장에게 다시 확인해보는 것이 최선의 방도였다.

그러나 어눌한 말투와는 달리, 호암은 상대의 말을 매우 정확하게 알아들을 줄 알았다. 상대의 발언을 예리하게 분석하여 그 요지를 간단명료하게 정리하거나 바른 방향으로 유도해가는 데에는 누구도 따를 수 없는 능력을 발휘했다.

호암 앞에서는 누구도 자신의 의도를 마음대로 이야기할 수 없었다. 예외적인 인물이 몇 있었는데, 그중의 한 사람이 홍진기 회장이었다. 홍진기는 대외적으로 삼성의 이인자로 알려졌지만, 실상은 호암과는 친구이자 평생 서로 존중하는 사이였다. 이병철 회장은 또 대구 출신의 경제통 신현확 부총리에 대해 강한 호감을 가졌고 그도 호암을 존경했는데, 이유는 T/K란 공감대 위에 국가경제를 염려하는 사람들 사이에 생긴 끈끈한 유대감에서 시작된 것이었다. 신현확은 어려운 시기에 삼성과 인연을 맺고, 호암 사후에 젊고 경험이 부족했던 이건희가 경영권을 승계하고 정착시키는 데 크게 도움을 주었다고 한다.

호암은 술을 별로 좋아하지 않는 타입이었다. 이는 집안 내력으로 이어져 이건희 회장도 술을 거의 하지 않는다. 아니 못한다고 해야 맞을 것이다. 그래서 술 잘하는 사람은 좋아하지 않는다. 하기야 삼성의 임원치고 맘 놓고 술 마셔본 사람이 있을까 싶다….

정리하면, 호암의 성격은 한마디로 정의하기가 대단히 어렵다. 차갑다, 매섭다, 냉정하다, 냉혹하다, 사정없다, 엄격하다, 까다롭다, 깐깐하다, 예리하다, 날카롭다, 고독하다 이외에도 많은 지적을 할 수 있겠지만, 나는 이 모두를 다 합쳐도 그의 성격을 제대로 정의하기가 쉽지 않다고 생각한다. 곁에서 오래 지켜본 그대로 압축한다면, 그는 대단히 '엄격하고 강렬한 개성'의 소유자였다.

호암은 한가한 것을 싫어하고 못 견디는 성미를 지녔다. TV를 보면서도 신문이나 잡지를 읽고, 그러면서 이야기를 나누곤 했다. 특히 TV 세 대를 동시에 켜놓고 보는데, 우리 국악과 권투 중계를 즐겨 보았다. 비슷하지만, 이건희 회장의 집은 마치 방송국의 제작상황실 같다. 여러 대의 모니터가 채널 수만큼 갖추어져 있다.

호암의 취미였던 국악 감상은 오래된 습관이었고, 권투는 투지에 불타서 치고받는 것이 볼만해서 한쪽이 KO승을 거둘 때 몹시 통쾌함을 느낀다고 했다. 이런 부분들 역시 낙천적인 성향과 강한 승부욕을 동시에 보여준다.

이런 기질에 대해 어떤 이는 "대담한 면과 사소한 면이 변증법적으로 통합된 성격"이라 말하기도 했다. 이는 권력에 맞서 자신의 의지를 관철시키거나 공들인 기업을 내주고도 눈 하나 까딱 않는 대담성이 있는 반면, 사업 추진 과정에서 작은 문고리 등 세세한 부분에 이르기까지 자기가 판단해서 빈틈없이 챙기는 세밀한 성격임을 모두 담는 의미여서 대단히 복합적이다.

말솜씨나 타인의 이야기를 잘 알아듣는 재치 외에 탄복할 만한 호암의 솜씨가 또 하나 있다. 그의 글씨인데, 필재筆才를 타고났다. 한창때 그는 촉이 뭉툭한 워터맨 만년필을 꺼내 쓰곤 했는데, 남성다움이 한껏 묻어나는 글씨체가 볼만했다. 그래서인지 몰라도 호암은 만년필을 애용했다. 펜글씨로 글자의 끝 부분이 약간 구부러져 휘는 듯한 특유의 이름 석 자로 사인하기를 즐겼다. 결재는 일절 한 적 없지만, 그의 이름 석 자를 획획 써내려간 펜글씨는 달필이었다.

만년에 그는 붓글씨를 배웠는데, 새로 배웠다기보다 어려서부터 익힌 붓글씨체를 다듬어 휘호를 해서 친지들에게 나누어주었다. 붓글씨 역시 개성이 있어 서예가들의 그것과는 생판 다른 맛을 보여주었던 것으로 기억된다.

만년의 글씨 지도는 정통파 서예가 송천 정하건이 했는데, 내가 지켜본 바로 호암은 정하건의 영향을 거의 받지 않았고 끝까지 자신만의 글씨체를 유지했다. 따라서 붓글씨는 거의 늘지 않았다. 그는 스스로 "아무리 정진하고 노력을 해도 남들에게 자랑할 만한 글씨를 쓰기 어렵다"면서, 오로지 마음을 바로잡기 위하여 글씨를 썼을 따름이라 했다. 호암에게 송천을 소개했고, 주 1회 연습 광경을 줄곧 지켜본 나 역시 그게 맞는 것 같다는 생각이 든다.

골동품이나 그림에 관심이 많아서 그의 수집품들로 호암미술관이 가득 채워졌다. 일본에서 되돌려받은 것도 있고 한때 북한의 골동품을 사들인 적도 있다. 미술품에 대한 소유욕은 그리 강하지 않았지만, '한옥'에 대한 욕심만은 남달랐다. 용인에 목조 한옥을 짓고 노년을 보냈다. 옷이나 생활용품은 고급으로 명품 일색이었다. 겉으로는 물 흐르듯 고요하지만, 속으로는 엄청나게 깐깐한 사람이었다. 깔끔하고 단아하게 평생을 보내며 자신의 고집을 꺾는 일이 거의 없었다. 특이한 점은 믿음을 뒤집는 배신 행위와 본인에게 맞서는 대항을 아주 싫어했다.

도자기는 〈청자상감운학모란국화문매병〉과 〈청자진사주전자〉를 제일 좋아했는데, 그는 흠이 없고 깔끔하며 때깔이 뛰어난 작품을 주로 찾았고 좋아했다. 비싸도 결함이 있는 작품은 사지 않았다. 그림은 이당 김은호와 월전 장우성 그리고 서양화가로는 문학진을 가까이했다. 이당의 작품에서 유비가 제갈량을 찾아가는 내용을 그린 〈삼고초려도〉를 제일 훌륭한 작품으로 꼽았고, 인물에 장기를 보인 장우성에게는 본인의 초상화를 그리게 했다. 문학진은 반추상의 구성작품을 주로 그리는 화가로 정평이 나 있었는데, 호암은 그의 묘사력이나 색감을 특히 좋아하고 화가의 인간성을 미더워했다. 그에게는 의령 생가를 포함하여 삼성의 역사를 담은 그림 등 많은 작품을 그리도록 했다. 한남동 승지원에 많은 작품이 장식되어 있다.

화단과의 직접적인 인연은 많지 않았지만, 호암은 매년 국전 입상자 전시회에 가는 일을 빠뜨리지 않았다. 오늘날 리움미술관에 현대 작품이 많이 모인 단초가 되기도 했던 국전 나들이는 그의 취미로 착각이 될 정도로 정례적이었다. 나는 매년 국전 작품의 심사가 끝날 무렵이면 입상작들을 후보로 뽑아 호암의 결정과 참관을 도왔다. 당시 국가가 소유하는 대통령상을 빼고 웬만한 작품은 구입이 가능했고, 호암은 구입 자체를 매우 흡족하게 여겼다.

정작 작가들은 회화나 조각을 가리지 않고 호암의 눈에 들어 매입이 결정되면 경제적으로 큰 도움이 되던 시절이었다. 당시 어떤 조각가는 작품이 팔리지 않아 고물상에 청동주물 값으로 무게를 달아 작품을 넘길 뻔했는데, 삼성의 매입 결정으로 훗날 대가급 작가로 성장할 수 있었다. 그 장면은 지금도 어제의 일처럼 선명하고 지옥과 천당을 오갔던 조각가의 표정도 생생히 기억된다. 못 입고 못 먹던 시절의 화단의 모습을 어찌 잊을 수가 있을까.

이병철 회장을 처음 만난 것은 지금으로부터 35년 전, 내가 김원룡 교수의 지침으로 대학을 떠나 삼성문화재단에서 근무하던 시절의 일이다. 국보 1호 '남대문'의 기왓골이 훤히 내려다보이는 태평로의 구 삼성본관 28층 회장집무실에서 그를 만났다. 집무실은 상상했던 것만큼 화려하진 않았지만, 대그룹의 사령탑 분위기가 물씬 풍기는 그런 곳이었던 것으로 기억된다.

그는 판박이 그림처럼 언제나 사돈인 홍진기와 함께 소파에 편안한 모습으로 앉아 있었는데, 마치 세월이 그만을 비껴간 듯 퍽 곱게 늙은 편이라는 인상을 주었다. 그렇지만 안경 너머 날카롭고 차가웠던 눈빛만은 여전히 잊혀지지 않는다.

한번 일을 벌이면 그 일이 끝날 때까지 다른 데에는 눈길 한번 흘리지 않을 정도로 집중력과 집념이 엄청나게 대단한 사람이었다. 아마도 그런 강한 추진력과 치밀하게 준비된 사업전략 위에서 오늘의 삼성이 태동되었으리라 생각된다.

호암은 대학 시절 나의 호랑이 스승이었던 김원룡 박사를 무척 좋아했다. 고고한 선비 같은 청렴한 태도와 평안도 식의 거침없는 성격의 소유자였던 김 박사만 보면 얼굴에 인자한 미소를 함빡 머금고 꺾여 있던 눈주름마저 부드럽게 풀렸다. 기회가 있을 때마다 김 박사의 의견을 참고하여 골동품 구입이나 박물관 건립과 사업 내용 등을 논의하고 바로 반영하였다. 당시에는 김 박사 외에도 도자기 전문가로 정평이 나 있던 국립중앙박물관의 최순우 관장이나 인천 출신의 이경성 국립현대미술관장 등이 막후 자문 역할을 함께 하고 있었다.

항상 어딘가 차갑고 무섭게 느껴지던 호암에게도 사춘기 소녀같이 여리고 감성적인 데가 있었다. 제2차 세계대전 전에 와세다대학을 다녔던 세대라서 그런지는 몰라도, 그의 습관은 일본 문화를 꽤 좋아하고 깊이 물들어 있는 것처럼 보였다. 당시로는 튀어 보이는 복장도 그랬다. 핑크색 와이셔츠와 멋쟁이 노타이 콤비양복을 즐겨 입었던 그는 안양컨트리클럽에서 매주 열리는 '수요회'라는 골프모임을 주도하였는데, 경방의 김용완 회장이나 전 국무총리 김준성, 신현확 부총리, 화가 월전 장우성 등이 주 멤버였다. 장우성은 호암의 초상을 그려 그를 흡족하게 했는데, 인물화로는 스승 김은호를 뛰어넘는 실력의 보유자로 우리 화폐에 그가 그린 그림이 등장한 적도 있다.

이병철 회장의 취미생활은 골프와 미술품 수집이었고, 양쪽 모두 상당한 수준에 이르렀다. 새로 나온 골프채가 의장대 병정처럼 꼿꼿하게 도열하여 거실에 줄지어 세워져 있었고, 골프는 홀인원을 몇 차례 했을 정도의 싱글 실력이었다. 그 외에 별다른 취미는 없었고, 미술품 수집이 주된 소일거리 중의 하나였다. 언젠가 차를 타고 가면서 내게 미술품을 수집하게 된 동기를 들려준 적이 있다.

"젊은 나이에 대구에서 뛰어난 상재를 발휘해 삼성상회(지금의 삼성물산)를 설립하여 거부로의 첫발을 딛게 되었다. 초기에는 사업 사이사이에 자연스럽게 대구 사람들과 미술품을 주고받으며 수집을 이어나갔다. 서예인이나 화가의 작품을 한두 점씩 모아가며, 차츰 그 분야와 수집 양을 다른 쪽으로 넓혀가게 되었다. 처음에는 그저 살아 있는 서예인의 작품에 머물러 있었지만, 재미가 붙어 옛날 고서화 쪽으로 또 도자기 골동품 쪽으로 다시 현대미술품으로까지 관심이 바뀌면서 그 대상이 크게 확대되게 되었다. 그러는 가운데 재미도 있고 집중력이 발동하여 규모와 수준을 대폭 늘려

나가게 되었다."

　이병철 회장이 골동품을 수집한다는 소문은 시중에 금방 퍼져나갔고, 그의 집에는 골동품을 소개하려는 사람들이 줄을 이었다. 그중에서도 특히 장아무개라는 거간이 그의 신임을 톡톡히 얻었는데, 그가 소개한 〈청자진사주전자〉가 호암컬렉션의 백미를 이루게 된다. 후일 국보 제133호로 지정되었다.

　이 〈청자진사주전자〉의 입수는 세간의 커다란 화제가 되었는데, 크게 두 가지 이유가 있었다. 하나는 백지수표 건이고, 다른 하나는 희귀한 진사辰砂 안료가 듬뿍 발려진 청자주전자라는 점에 있었다. 그의 〈청자진사주전자〉 사랑은 끔찍할 정도여서 1982년 개관한 호암미술관 2층 전시실에는 30밀리미터 방탄유리로 쇼케이스를 만들어 사고에 대비했고, 평상시에는 도예가 석봉 조무호가 복제한 모조 청자로 전시를 대체하도록 엄명을 내리기도 했다. 그가 1976년 일본경제신문에 기고한 글에 이 주전자와 관련된 언급이 있어 눈길을 끈다.

　사람들은 흔히 나의 수집품에는 명품이 포함되어 있다고 말한다. 평가는 자유지만, 나는 수집 자체보다 그런 골동품으로부터 마음의 기쁨과 정신의 조화를 찾는다. 그런 이유로 폭넓은 수집보다는 기호에 맞는 물건만을 선택한 것이 나의 소장품이다. 나의 소장품에서 가장 마음에 드는 유물은 〈청자진사주전자〉나 〈청자상감운학모란국화문매병〉 등이다. 자랑하기는 그렇지만, 고려청자 중에서도 최고의 명품이라고 나 스스로 인정할 정도이다.

　일반에게는 잘 알려지지 않았지만 이병철 회장의 관심을 집중시켰던 다른 명품으로 〈가야금관〉을 꼽지 않을 수 없다. 이 금관은 삼국시대의 명품으로, 이 회장의 또 다른 트레이드마크처럼 인정되었다. 학계에서는 이 금관을 가야가 최고로 융성했던 5~6세기 것으로 인정하고 있는데, 이 회장은 주변의 솔깃한 말만 듣고 이 금관이 삼국시대보다 훨씬 앞선 시기의 유물로 철석같이 믿고 있었다.

그렇게도 끔찍이 아끼는 〈청자진사주전자〉와 〈가야금관〉을 위해 이 회장은 용인 자연농원(지금의 에버랜드) 안 호수 옆에 미술관을 짓게 되고, 1982년 호암미술관의 개관이 이루어졌다. 이 회장의 '사업보국' 의지가 '문화보국'으로 나타난 것이다. 나는 김원룡 박사의 추천으로 대학교수의 꿈을 접고 그 미술관에서 청춘 시절 20년을 보내게 된다.

이건희, 명품주의

 등 떠밀려 시작한 삼성에서의 생활은 여느 신입사원들과 같이 낯설고 불편한 시간들을 감내하는 것으로부터 시작되었다. 내 나름으로는 공부를 한답시고 숨을 죽여가며 교수의 꿈을 키우고 기회가 오기만 기다려왔는데, 어느 날 감색 양복에 흰 와이셔츠 차림으로 새신랑 같은 모습을 하고 있으려니 여간 곤혹스럽지 않았다.

 게다가 사무실의 책임자였던 사무국장은 당시 서울대 법대를 나와 신문사에 있다가 외풍 센 삼성문화재단에 책임자로 불려와 자리를 차지하고 있던 사람이었다. 목에 잔뜩 힘을 주고 언제나 경직된 편이어서 그에게 친절한 상사 같은 모습은 기대할 수 없었던 나는 적적하고 고독한 직장생활을 할 수밖에 없었다.

 직원이라고는 나이 오십을 훨씬 넘긴 필경사와 경리 여직원 그리고 술

고래 고참 직원 하나와 몇 안 되는 젊은 행정직원뿐이었다. 서로 데면데면하기 그지없는 사무실 분위기 속에서 나는 오로지 일에 매달려 시간을 보냈다.

사실 삼성의 신입사원이라고 해도, 나는 공채나 면접 등을 통해 들어온 직원은 아니었다. 이른바 박물관 건립에 필요한 초석을 다지기 위해 전문가로 채용된 셈이었다. 그런데 누구와도 박물관에 대한 이야기를 나눌 수 없었고, 결국 나는 스스로 일을 찾아서 하며 업무의 틀을 세워나갔다.

처음 한 일은 유물을 분류하고 보관하는 방법을 만드는 것이었다. 종류에 따라 어떤 수납함이 필요한지, 어떤 표기들로 기록을 남겨야 하는지 등을 정리하며 삼성의 이름으로 수집되었던 작품들을 하나하나 살펴보기 시작했다. 하지만 일에 몰두하면 할수록 적적하고 쓸쓸한 마음이 가시질 않았다.

'나는 이런 자잘한 일을 하려고 온 게 아닌데….'

기왕에 학자가 되지 못하고 삼성에 들어왔다면, 삼성이 갖추고 있는 돈과 시스템을 활용해 모두가 유익하게 이용할 수 있는 훌륭한 박물관을 만들고 싶었다. 삼성은 무엇보다 재력이 있는 기업이고 오너들의 수집에 대한 이해도가 상당했기 때문에, 시스템만 잘 갖춰진다면 나의 포부 실현도 그리 어려운 일은 아닐 것 같은 기대가 있었다.

그렇게 상당 기간 동안 삼성문화재단의 햇병아리 신입사원으로 박물관 프로젝트의 초석을 다져나갔다. 당시 우리 사무실은 시청 앞 태평로에 위치한 삼성본관에 있었는데, 곳곳을 돌아다니며 자료를 수집하고, 여러 방면의 수집가들을 만나는 일에 제법 재미를 붙여가고 있었다. 그즈음에 중앙일보, 동양방송 건물에 자주 갔던 기억이 생생하다. 오가는 길에 가수 조용필도 만나고 친근한 탤런트 강부자 얼굴도 심심치 않게 볼 수 있었지만 별 관심은 가지 않았다.

중앙일보에 가면 논설위원실에 자주 들러야 했는데, 이종복이라는 점잖은 신사와 대면하는 일이 잦았다. 출판국장을 거쳐 논설위원으로 있던 그는 주변에서 서로 가까이하려는 인텔리였는데, 전국 방방곡곡의 맛집은 모두 꿰고 있는 한량 타입의 인사였다는 점이 특히 기억에 남아 있다.

하루는 그가 중앙일보 논설위원실로 나를 부르더니, 슬그머니 아래층으로 내려가보자고 했다. 나는 무슨 비밀스러운 일이기에 이토록 쉬쉬하는가 싶어 영문도 모르고 아래층까지 끌려갔다. 지금도 기억이 생생한 장면이지만, 중앙일보에 그토록 긴 복도가 있었나 싶을 만큼 비밀스럽고 어두운 통로를 한참이나 따라 들어갔던 것 같다. 복도 끝으로 가자 마치 비밀의 문처럼 생긴 문이 하나 나타났다. 문을 열자, 까만 가죽소파가 제일 먼저 눈에 띄었다.

'고급이겠지?'

직감으로 그런 생각이 먼저 들었다. 그때엔 천둥벌거숭이처럼 아무 생각 없이 따라나섰던 셈이다. 상석에 누군가가 앉아 있었는데, 이상하게 같이 간 이 위원이 그 사람을 굉장히 어려워하는 느낌이 들었다. 순간, 소파에 앉아 있는 그가 대단하거나 어려워할 만한 인물이 아닐까 하는 직감이 들었다.

'특별한 썸원someone인가 보다.'

그가 바로 당시 중앙일보에서 이사로 일을 배우던 이건희 회장이었다. 더욱 신기했던 것은, 그날이 첫 대면이었는데 그와 나눈 이야기가 전혀 기억나지 않는다는 점이다. 사실 평소에도 말수가 별로 없는 이건희 회장이지만, 그날은 특유의 웅얼거림이나 자분자분한 말투가 그의 말을 비껴듣게 했던 것 같다.

그러나 그 방의 인상과 어떤 향취들은 여전히 강렬하게 남아 있다. 비밀스러웠던 방의 기운 때문인지, 묵직하면서도 분위기를 압도하는 어떤 정취가 떠다니고 있었다. 밝지 않은 창, 쉽게 개방되지 않는 문은 그 방이 무언가 특별한 일이 비밀스럽게 진행되는 곳이라는 느낌을 갖게 했다. 나중에야 안 사실이지만, 그 방은 이건희가 후계자 수업을 받기 위해 주요 언론인들을 만나며 정보를 얻는 일종의 연구실 같은 곳이었다.

방에 놓여 있던 장식품과 미술작품도 눈에 띄었다. 소품은 많지 않았지만, 유독 고풍스러운 한식 장롱이 한눈에 들어왔다. 여닫이로 된 한식 장은 다소곳한 여인처럼 앉아 있었고, 그 위에 작은 백자 소꿉이 동네 꼬마들처럼 놓여 있었다. 이 역시 나중에야 알았지만, 그 작은 소꿉들이 바로 백자 명기였다.

'이분은 백자를 퍽 좋아하나 보군.'

이건희 회장을 알기 전이지만, 나는 그가 백자에 무척 조예가 있는 인물이라는 걸 단박에 느낄 수 있었다. 아마 그때의 백자 사랑이 꾸준히 이어져 그의 백자 컬렉션으로 발전한 것이라 생각된다.

또 인상 깊었던 점은 입구 쪽 벽에 걸려 있던 이당 김은호의 〈삼고초려도〉이다. 인재를 찾기 위해서는 어떤 노력도 거듭하라는 가르침이 담긴 이 그림은 사무실 분위기와는 어울리지 않아 이질적인 느낌을 주었다. 그러나 출입문 입구에 그런 그림을 걸어둔 까닭은 인재를 대하는 태도를 교훈처럼 되새기기 위해서가 아니었을까 짐작한다. 인고의 나날로 또렷이 남아 있는 이건희 이사의 후계자 수업은 상당히 오래 계속되었던 것으로 기억된다. 특히 둘째형 이창희와의 경쟁이나 동생의 등장으로 인해 꽤 오랫동안 긴장의 나날이 지속되었던 것 같다.

지금 돌이켜 생각해보면, 이건희 회장과 나의 첫 만남은 단순히 젊은 일꾼이 상사에게 얼굴 선보이는 자리만은 아니었던 것 같다. 이종복이 이건희에게 고고학과 출신인 나를 데리고 인사시키러 갔다는 사실은 당시 삼성의 후계자 구도가 이미 이건희 이사에게로 상당히 기울어지고 있었음을 말해주는 것이었다.

때는 이병철 회장이 살아 있고 중앙일보 문화부 이종석 기자가 일선에 나서서 수집을 돕고 있는 시절이었음에도 삼성문화재단에서 시작되고 있는 유물 정리 작업은 실제로 이건희 이사-이종복 위원의 지휘체계 안에서 진행되고 있었다.

시간은 느리게 흘러가는 것 같았지만, 어느새 흐릿한 대화를 나누었던 그가 내가 모시는 최고 상사가 되어 있었다. 46세의 그가 드디어 삼성그룹의 대표가 된 것이다.

"마누라와 자식 빼고는 전부 다 바꿔라!"

원래 말이 없고 수줍은 성격인 그가 어느 날 작심하고 토해낸 이 말 때문에 잠자던 삼성의 변화, 아니 혁명이 본격적으로 시작되었다. 1938년 영남의 교두보 대구의 지역기업 삼성상회로부터 세계 굴지의 그룹으로 성장하기까지 이건희 회장의 성찰과 고민의 시간은 깊고 길었다. 결과적으로 이 '다 바꿔!' 구호로부터 삼성이 새롭게 시작되었다 해도 지나치지 않다.

'다 바꿔!'가 강렬하고 지속적으로 잠자던 삼성을 깨운 계기는 1993년 독일 프랑크푸르트 전략회의에서 점화되었다. 그해 6월 24일, 이건희 회장은 작심한 듯 프랑크푸르트로 임원 250여 명을 불러모았다. 고색창연한 분위기를 뿜어내는 프랑크푸르트 인근 켐핀스키호텔은 여기저기서 모여든 감색 양복의 삼성맨들로 북적이기 시작했다.

당시 삼성문화재단 이사로 몇 년차 직무를 이어오던 나도 임원 자격으로 참석했다. 그렇지만 얼떨떨한 기분은 떨칠 수 없었다. 수백 명의 임원들 틈에 섞여 그저 꿀 먹은 벙어리처럼 무슨 일이 일어나고 있는 것인지 의아해 눈알만 굴리고 있었다. 알음알음으로 얻어들은 건 그가 무척 화가 나 있으며, 불같이 엄명을 내려 긴급전략회의가 열리게 되었다는, 별로 특별할 것도 없는 정보였다.

당시 삼성전자는 임직원 18만 명에 취업선호도 1위로 국내에서는 정말 잘나가는 기업처럼 보이고 있었다. 동네에서는 여선히 1등이었던 것이다. 이 시점의 한국은 경기호황기로 접어들어 반도체 등 IT산업이 호황을 누려 웬만한 월급쟁이들은 꽤 잘나간다고 생각하던 시절이기도 했다.

그러나 대충 훈시만 몇 마디 던지고 마는 그런 회의가 아니었다. 긴급회의에 참가한 임직원 모두가 크게 놀라고 있었다. 무슨 전쟁 출정식이나 깜짝쇼라도 보는 것처럼 예상하지 못했던 장면들이 속속 연출되고 있었다. 나는 급하게 다그치는 물살에 휩쓸려 큰 잘못을 저지른 죄수처럼 납작 엎드린 심정으로 상황을 지켜볼 수밖에 없었다. 전공이고 뭐고 없었다. 회의가 진행된 며칠이 어떻게 지나갔는지 모르게 시간은 빨리도 흘러갔다. 유럽 특유의 고풍스럽고 편안한 켐핀스키호텔의 멋스러운 분위기나 주변 경치 감상은 어림도 없었다.

여기서 바로 문제의 '신경영 선언'이 나왔다. '양量의 경영'에서 '질質의 경영'으로의 일대 전환을 공개적으로 선언하는 순간이었다. 평소 지나칠 정도로 과묵하여 말을 잘 할 줄 모르는 게 아닌가 했던 이건희 회장의 전혀 다른 면모를 발견하는 순간이기도 했다. 화법이 느리고 어눌해서 성격마저도 느긋하지 않나 여겼던 것과는 달리, 이제까지와는 딴판의 모습들을 속속 보여주었다. 다들 불안에 몸을 움츠리고 어쩔 줄 몰라 했다.

그때 나는 그가 지닌 양면을 생생하게 보았다. 몰랐던 달의 뒷면을 보는 순간의 경이로움처럼, 그는 그날 완전히 다른 얼굴로 뒤바뀌어 놀라움을 자아냈다. 처음이었다. 목소리 톤은 엄청 높았고, 그동안 말로만 지시를 따르는 척했던 임직원들에 대한 분노가 그를 펄펄 뛰게 만들었다.

'질의 경영'을 표방한 프랑크푸르트 선언의 요체는 한마디로 '정신 차리고 바뀌어라!'였다. 거두절미하고 선문답처럼 몇 마디만 던지기에는 그동안 실천이 따르지 않았다는 엄한 훈계였다. 마치 귀신에라도 홀린 듯이 그저 편안하게 현실에 안주하고 적당히 덮고 넘어가는 풍조에 대해 대성일갈한 것이다.

시간이나 장소에 구애받지 않고 나를 불러 이것저것 묻고 지시하던 파자마 차림의 조용하고 엄숙하던 그와는 전혀 다른 사람인 것 같았다. 46세의 젊은 나이에 대업을 승계한 이건희는 부친 밑에서 고심했던 여러 방향과 목표들을 둑 터뜨리듯 포효하며 뱉어냈다.

회의는 며칠 밤낮으로 이어졌고, 거기에서 '다 바꿔!' 철학이 탄생한다. 이는 단순히 문제점을 고치고 바꾸는 데에 그치지 않고, 삼성의 진로에 절대적인 영향을 미치는 금과옥조가 된다. '다 바꿔!'로 압축되는, 그의 혁명적 사고의 분기점이 된 이 말은 다시 '디자인혁명'으로, 또 '미래 대비'로 꼬리를 물며 이어진다.

‘다 바꿔!’에 대한 집념은 문화재 수집에 있어서도 기존의 한계를 바꾸고자 했다. 그 하나가 ‘국보 100점 수집 프로젝트’였다. 말 그대로 국보 100점을 채우는 일이었는데, 사실 말처럼 쉽지는 않았다. 여러 수장가의 알짜 수집품들이 거간을 통하여, 혹은 직접 삼성으로 들어왔다. 다양한 수집품은 고대, 현대를 가리지 않고 그 폭과 깊이를 더해갔다. 그 결과 현재 삼성가에는 무려 160여 점에 달하는 국보급 유물들이 수집되어 있다.

　이제 보물들을 담을 좋은 그릇, 건물이 필요했다. 용인은 멀고 불편했다. 서울 안에 새 박물관을 지을 장소를 찾기 시작했다. 여기저기 후보군은 많았지만, 단점이 많았다. 선뜻 결정을 못 내리고 있다가 한남동을 적격 후보지로 결정하고 설계자를 찾았다.

　문제는 새로 지을 박물관의 성격과 규모였다. 고미술과 현대미술 그리고 다용도 공간을 아우르는 대규모 복합건물을 마음에 두고 있었다. 최종 설계자로 네덜란드 출신의 미국 건축가 렘 콜하스Rem Koolhaas(복합문화공간 겸 아동교육문화센터)를 주 기획자로 하고, 두 사람의 거장 마리오 보타Mario Botta(고미술, 뮤지엄1), 장 누벨 Jean Nouvell(현대미술, 뮤지엄2)을 추가했다.

　현대건축을 대표하는 3인의 스타 건축가들이 참여하여 마치 경연장처럼 각자의 장점을 잘 보여주는 빼어난 건축공간이 탄생했다. 그의 지론대로 ‘1석 5조’를 겨냥하고 기능이 한곳에 모이는 ‘복합화’를 지향할 뿐 아니라, 내부의 모든 시스템은 최첨단으로 만들어졌다. 건축미학으로 보아도 뛰어나지만 기능적으로도 소화가 잘 되어 있어, 관람 시의 쾌적함과 함께 소장품의 아름다움이나 장점을 최적으로 드러내주고 있다. 교통여건이나 야외전시장 등의 ‘좋은 주변 환경’과 알맞은 규모의 ‘좋은 전문인력’을 보유하고 있어, 여타 다른 박물관들에 비해서 여건이 좋은 편이라 할 수 있다.

기존의 질서를 모두 다 헐어내고 새로운 질서로 만드는 일은 여간해선 시도하지 않는 게 본성이다. 특히 삼성처럼 굳이 새로운 변화를 시도하지 않아도 기업을 굴리는 데 큰 어려움이 없는 곳이라면 더더욱 변화보다는 안정을 추구하는 게 상식이다.

그럼에도 불구하고 이건희 회장은 사업에서는 수익으로, 미술관에서는 보물로 이어지는 명품주의, '다 바꿔!' 철학을 적용시켰다. 예나 지금이나 변화에 대한 그의 집념은 누구도 말릴 수가 없는 고집 중의 고집이다. 삼성미술관-리움은 이렇게 지어졌고, 그 안에 엄청난 보물들을 안전하고 쾌적하게 담아두기에 이르렀다.

알 고 싶 은

이 야 기

3 이건희와 리움미술관

이건희 컬렉션

　이건희 회장을 겪어본 사람은 이병철 회장보다 그를 더 어려워하는 편이다. 어려워한다기보다 두려워한다는 표현이 더 어울릴 것이다. 말이 없기로는 이병철 회장과 그가 크게 다르지 않은데, 이건희는 말이 없다기보다 '말을 아끼는' 사람이었다. 이병철 회장도 남의 말을 세심하게 경청하는 편이었는데, 아버지로부터 '경청'이라는 유훈을 받아 금과옥조로 간직하고 있는 그는 상대의 말을 끝까지 다 들었다. 차이점은 듣고 나서 필요하다고 생각되면 끝없이 질문을 던지고 토론을 유도하는 방식이었다. 그러니 모두가 상당한 준비 없이는 그를 만나려 하지 않았다. 어떤 이야기가 나올지도 모르고, 불같은 성격이 어느 순간에 터질지 모르니 항상 겁을 낼 수밖에 없었다.

　이건희 회장은 얼굴이 넓은 편이다. 모친을 닮아 아버지가 갸름한 것과는 대비된다. 얼굴에 비해 얇은 입술은 늘 굳게 닫혀 있어 차갑고 딱딱한 인상을 준다. 평소 거의 말을 하지 않지만 작정하면 언제 끝날지 아무도 모른다. 그러니까 말하기 자체보다, 말을 하기 위한 준비에 있어 그만큼 능력이 뛰어난 경우는 찾아보기 힘들다. 그래서 그런지 몰라도, 그의 한마디는 삼성 내부는 물론이고 사회적으로도 충격을 안겨준 사례가 많았다.

'1석 5조', 보통 '1석 2조'가 기본인데, 돌 하나로 다섯 마리의 새를 잡겠다는 논리를 보면 생각에 생각이 꼬리를 물어 나온 선문답이 아닐까 싶다. '메기론', 약자 속에 맹수가 들어가면 위험하다. 생각을 일거에 날려버리는 뒤집기의 사고방식은 주변 사람들이 미처 따라잡을 수 없는 부분이다. 때에 따라 선승처럼 묵직한 화두를 던져 생각지도 않은 설화舌禍를 겪기도 한다. 단어만 떼어서 보면 욕먹기 딱 좋은 표현도 가감없이 쓴다. 그러나 앞뒤 문맥을 자세히 보면 이해가 된다.

입술이 얇은 데 비해 귀는 유독 크다. 호암도 귀가 컸다. 부친으로부터 물려받은, 부처처럼 커다란 귓바퀴와 함께 '경청'이라는 교훈을 잘 받든 것 같다. 흰 얼굴색도 특징 중의 하나이다. 골프와 승마를 하며 약간 그을기는 했지만, 맑은 피부색은 가식이나 거짓을 싫어하는 그의 성품과 어울린다. 어떤 때에는 얇은 입술과 함께 싸늘하고 차가운 인상을 주기도 하지만, 가까이 있어본 사람들은 이구동성으로 속정이 깊다고 입을 모은다. 나도 여러 번 그런 인상을 받았다. 미술계나 학계 인사가 어려움에 처한 사정을 전하고 도움을 청하면, 전후사정을 묻지 않고 나서서 해결해준 일이 많다. 무엇을 바라고 한 일이 아니다.

정갈하게 빗어 넘긴 머리도 그의 품성을 그대로 보여준다. 부친과도 닮은 단정한 면이다. 절제되고 엄격함을 견지하는 자세는 얼굴 전체에서 뿜어져 나온다. 키(170센티미터)에 비하여 넓은 어깨는 서울사대부고 재학 시절 레슬링으로 단련된 결과이다. 젊었을 때는 먹성도 좋아 스테이크를 보통 3~5인분 정도 먹어야 직성이 풀렸다는 소문도 있다. 그런 운동과 식습관 때문에 상체가 발달한 체형을 갖게 되었는데, 동작이 느릿느릿해 카리스마 넘치는 분위기를 만들어내는 원천이 되었다. 권위에 품격이 보태진 타입이다.

그의 눈은 맑고 깊다. 눈동자가 크고 안광은 예리하며 강한 인상을 풍긴다. 그래서인지 그 앞에서 거짓말을 하기란 불가능에 가깝다. 앞뒤 사정을 얘기하지 않았는데도 알고 있는 것처럼 느껴지는 매운 눈맛을 가지고 있다. 말없이 상대를 지그시 응시하는 눈매는 상대의 머릿속을 관통하고 지나가는 총알 같은 날카로움을 지니고 있다. 소설가 박경리의 묘사에는 이런 구절이 있다. "깊은 곳에 가라앉아서 세상을 응시하는 듯한 눈빛이었다. 웃는 모습은 스스러워하듯, 그러나 천진했다. 이건희 회장을 만났을 때의 인상이다." 그의 내면세계를 압축해낸 좋은 표현이 아닐까 한다.

사색과 독서를 즐기고, 부친을 닮아 술은 거의 못한다. 때문에 종종 나는 술 잘한다는 핀잔을 받았다. 술 잘하는 사람을 아주 싫어한다는 것을 느낄 수 있었다. 취미는 다양하고 깊이도 있었지만 그중에서도 독서와 자동차, 승마, 골프 등이 주력 대상이었다. 어느 하나라도 일단 시작했다 하면 끝을 보려 했다. 어느 날 한남동 댁에 들렀는데 이 회장이 쉬지도 않고 하루 종일 탁구를 치고 있다는 얘기를 듣고 크게 놀랐다. 상대는 탁구 국가대표 상비군 선수였는데, 오히려 그가 먼저 쉬자고 했을 정도로 한번 몰입하면 중간에 멈출 줄 모르는 성격이었다.

바로 그런 면이 도자기 수집에 있어서도 빛을 발했다. 조선 초기 청화백자에 대해서 그는 전문가 뺨치는 지식과 감정 실력을 가졌다. 복제품을 여럿 만들어 청화 안료의 푸른색을 비교하며 받은 인상을 정리했을 정도인데, 그런 면은 부친도 마찬가지였다. 이병철 회장은 청자와 금관에 빠졌었다.

유독 부친과 다르다고 느낀 점은, 옷에는 그다지 신경을 쓰는 것 같지 않다는 점이다. 와이셔츠나 넥타이 등은 부인 홍라희 여사가 골라주는 대로 입는 것을 여러 번 보았다. 부친은 전속 재단사가 있어 양복을 맞추고 몸에 맞게 줄이거나 늘리는 장면이 자주 목격되었지만, 그가 복장에 신경 쓰는 모습을 본 기억은 없다. 항상 옷은 편안한 것이 최고라고 생각하는 것 같았다. 그러나 공식 행사에는 검정색 스트라이프 더블 정장을 즐긴다. 그러니까 그는 치장보다는 일 위주로 사는 타입이다.

과학자는 아니지만, 그는 기계에 대해서 전문가 못지않은 지식을 갖추었다. 일례로, 자동차에 대한 해박한 지식은 혀를 내두를 정도인데, 자동차 부속품이 합치면 만 개가 넘는다는 그의 지적은 관심 분야에 얼마나 집념을 가지는지를 보여주는 좋은 예이다. 또한 예술가는 아니지만, 섬세하고 예리한 직관력은 핸드폰 디자인 분야에서 빛을 발해 속칭 '이건희폰'이 나오게 되었다고 들었다. 손안에 쏙 들어오는 동그란 모양의 핸드폰은 훗날 밀리언셀러로 등극해 이 회장의 디자인 감각에 대한 평가에 날개를 달아주기도 했다.

그는 부친 이병철을 많이 닮았다. 형제 중에서 유독 두드러져 보였던지, 이병철 회장은 막내아들이던 그를 결정적인 시점에 후계자로 낙점했다. 여러모로 자신과 닮았다는 연대감이 아마도 강한 믿음으로 작용했으리라 생각된다.

많은 점에서 부친을 빼다박은 듯했던 그는 또 한편으로는 부친과 극명하게 다른 면모를 지니고 있다. 어쩌면 닮고 나서 탈바꿈한 것이 아닐까 하는 생각이 들 정도로, 호암과는 크게 다른 부분이 존재했다.

어떤 이의 표현대로, 호암이 창업주로서 꼿꼿한 기상의 '조선시대 선비'에 비유된다면, 이건희 회장은 겉으로는 '철학자＋예술가＋과학자＋투사' 형태의 멀티 이미지의 경영인으로 비춰진다. 그러나 나는 그런 수식들만으로 그를 그려내기에는 부족하다는 생각이다. 곁에서 그를 오래 지켜본 내 나름의 결론은, 그는 팔색조 혹은 카멜레온처럼 주변 상황에 따라 복합적으로 여러 얼굴을 보였다. 언제나 멈춰 있지 않고 생각이 행동보다 저만치 앞서가는 독특한 품성의 소유자라는 느낌이 강했다.

이건희 회장은 미술품 수집에 있어서도 호암과 다른 그만의 특색을 가지고 있었다. 이병철 회장이 '청자 마니아'라면, 이건희 회장은 '백자 마니아'였다. 당시 백자에 깊이 젖어 있던 그를 두고 일어로 '구로도'라는 말이 돌 정도였다. 수집에 대한 그의 경지가 이미 보통 수준이 아니라는 뜻이다.

그는 백자를 좀 더 잘 알기 위해 수집가 홍기대 같은 이에게 백자 수업을 많이 들었다. 골동상 K모 씨도 선생 자격으로 출입이 잦았다. 도자기를 알려면 도자기의 생산 전반에 대해 알아야 한다. 특히 태토나 유약을 감별하는 일은 감정의 알파요 오메가이다. 한번 빠지면 끝을 보는 성미라서 그런지는 몰라도 나중에는 백자 감정까지 해도 좋을 정도가 되었다.

호암은 비싸다고 판단되는 작품은 누가 뭐래도 구입하지 않았다. 쓸데없는 오해를 받지 않겠다는 생각 때문에 아무리 좋은 물건이라도 호암이 거부하면 주변에서 더 이상 권하지 않았다. 1960~1970년대에는 마음만 먹으면 얼마든지 좋은 물건을 살 수 있었는데, 호암컬렉션의 면면을 들여다보면 명품의 수는 그리 많지 않다. 국전 순례 등에서 보듯이, 본인이 판단해서 "값이 싸면서 좋다"고 생각하는 작품들을 거두어들이는 경향이 강했다.

이에 비해 이건희 회장은 값을 따지지 않고 별로 묻지도 않았다. 좋다는 전문가의 확인만 있으면 별말 없이 결론을 내고 구입했다. 그래서 리움컬렉션에는 명품이 상당히 많다. 어느 개인도 이보다 많지 않다. 이건희 회장의 명품주의가 미술에 있어서도 적용된 결과라고 할 수 있다.

그의 명품주의는 "특급이 있으면 컬렉션 전체의 위상이 덩달아 올라간다"는 지론에 따른 결과였다. 나는 일찍부터 그런 점을 간파하고 명품을 보면 무조건 구입하도록 권했다. 부인 홍라희 여사는 나만 보면 "이종선 씨는 너무 많이 사는 게 흠"이라고 할 정도였으니, 이건희 회장의 '명품주의론'을 따라가기가 여간 벅차지 않았음을 짐작하고도 남으리라.

중국 미술품에 대한 관심이 상대적으로 덜했던 부분은 아쉬움으로 남는데, 이는 우리나라에 중국 미술 전문가가 없었기 때문이다. 초고가 작품과 중국 명품은 세계적으로도 수집 대상 1호 품목들이다. 정보력과 감정 능력이 얕아 수집 품목에서 제외되었던 것은 두고두고 안타까운 일이다.

리움미술관과 스타 건축가들

이병철 회장이 마련한 용인 호암미술관은 1982년 개관한 후 얼마 지나지 않아 바로 증축 계획을 세워야 했다. 개량형 2층 한식 건물로는 늘어나는 소장품의 전시와 보관을 감당할 수 없어 새 공간을 만드는 일이 당면 과제였다. 특히 전시를 위한 더 넓은 기획공간과 현대화된 설비 등이 필요했다. 수장고도 문제였다. 적어도 전시공간의 열 배 정도의 유휴공간과 온·습도가 일정하게 유지되면서 재질별로 특수한 보존 환경, 출입 시설이나 안전 문제에 대해서도 완벽한 방안이 갖춰진 수장고가 필요했다.

호암미술관 개관 직후부터 박물관 증축에 대한 조사가 시작되었다. 국내 건축가 조성룡과 보스턴에 거주하는 우규승이 참여했는데, 부지에 대한 개별 연구와 호암미술관을 확장하는 계획을 만들어 수시로 보고하면서 심도 있는 연구가 진행되었다. 조성룡은 도시건축에 일가견이 있고 참신

한 아이디어가 많았다. 우규승은 환기미술관을 설계했고 후일 광주 '아시아 문화의 전당' 주 설계자로 선정될 만큼 실력 있는 건축가였다.

문제는 입지의 성격에 있었다. 당시 호암미술관은 자연농원(지금의 에버랜드)에 인접해 있어 내방객이 많으리라 기대했었지만 실제로는 그렇지 못했다. 자연농원이라는 대규모 놀이시설이 가까이 자리 잡고 있기는 했지만, 위락지구 내에서 문화시설의 이용도는 그다지 높지 못했다.

초기에는 재미 건축가 우규승을 통해 호암미술관 부지를 넓게 잡고 문화 관련 시설을 집중하려 했다. 여러 해 동안 설계 작업을 계속하면서 일반의 관심과 방문을 점검해보았지만, 서울 도심에서 멀리 떨어져 있다는 약점을 커버하기는 무리였다. 서울에서 고속도로를 경유해 한 시간 남짓 걸리는 용인이라는 지역적 약점으로 인해 미술관이 일반에게 친숙해질 기회는 그다지 많지 않았다.

경영상 당연히 입장객 추이에 민감할 수밖에 없었고, 결국 용인보다 서울 쪽에서 해답을 찾아야 한다는 공감대가 형성되었다. 용인 호암미술관 부지의 활용을 주 내용으로 하는 설계안은 별로 주목을 끌지 못한 채, 결국 호암미술관 앞쪽에 '전통정원 희원'을 조성하는 것으로 마무리되었다.

서울에 제2의 박물관을 세우는 방향으로 계획이 기울면서 건축 설계에 대한 기대도 달라지기 시작했다. 그때까지는 외국 건축가에게 문호를 여는 데 인색한 분위기도 있어서, 국내 건축가에게 연구를 위촉하지 않을 수 없었으나, 이건희 회장이 직접 건축가 선정에 관심을 기울이기 시작하면서 사정은 급변했다. 결국 외국 건축가인 프랭크 게리Frank Gehry가 선정되었다.

프랭크 게리는 20세기를 대표하는 건축가로, 구겐하임-빌바오미술관이 대표작이다. 소위 '조각적인 건축Sculptural Building', '금속의 꽃Steel Flower' 같은 박물관 건축으로 알려진 그는 더 이상 수식어가 필요 없는 대가였다. 그와 더불어 주로 현대미술품 전시를 위한 미술관 설계는 피치를 올리기 시작했다. 그러나 훌륭한 설계안을 만들어놓고도 법적 규제에 몰려 번번이 포기해야 하는 상황이 계속되었다.

더 큰 문제는 부지의 확보였다. 서울 시내에서 현대미술을 소화할 수 있을 만한 정도의 공간과 설비를 갖춘 건물을 지을 부지를 확보하기가 대단히 어렵다는 현실에 있었다. 현 미국 대사관 공간 부지와 몇몇 공간이 언급되었으나 모두 여러 문제에 걸리면서 난항을 거듭했다.

엎친 데 덮친 격으로 그 무렵 외환위기가 터지면서 프랭크 게리의 설계는 없던 일이 되고 말았다. 서울 시내에 화려한 외관을 갖춘 아름다운 박물관 건물이 들어설 수 있는 절호의 기회는 그렇게 무산되었다.

외환위기가 걷히기 시작하면서 삼성은 박물관 문제에 대해 다시 고민하기 시작했다. 첫째는 건축가의 선정 문제이고, 둘째는 전시 쇼케이스 제작 문제였다. 쇼케이스는 독일의 글라스바우-한 회사가 맡기로 했다. 1990년대에 내가 특수 쇼케이스를 강조할 때 강력하게 요청했지만 누구도 거들떠보지 않던 바로 그 업체 ㈜글라스바우-한에게 설계와 제작을 의뢰하게 된 것이다.

몇 년을 두고 그렇게 풀리지 않는 상황이 이어지던 중 지금의 리움미술관 부지 활용 가능성이 제기되기에 이르렀다. 문제는 오밀조밀 여러 조각으로 이어져 있는 부지를 활용하여 박물관 계획을 어떻게 구체화할 수 있느냐로 압축되었다.

결국 박물관 부지로 활용해보자는 가능성을 갖고 여러 해법을 찾아가던 중 어렵겠지만 지하공간을 최대로 살리는 설계로 문제를 풀기로 방향이 결정되었다. 그 작업을 위해서 3인의 건축가가 선정되었다. 고미술의 마리오 보타, 현대미술의 장 누벨 그리고 복합문화센터와 주 기획을 맡은 렘 콜하스이다.

건축가는 예술인 가운데서도 개성이 강하기로 소문난 사람들이라서 세 건축가를 한 프로젝트에 집결시킨다는 것 자체가 어려운 문제였다. 건축의 모양새는 물론이고 내부에 펼쳐질 전시물 등을 함께 고려해야 했다. 셋이 한자리에 앉아서 작업을 해도 될까 말까 한 설계를 각각의 아이디어를 갖고 별개의 설계사무실에서 각자 진행한다는 사실은 큰 모험이었다.

뿐만 아니라 보타, 누벨, 콜하스 3인은 한 사람 한 사람 모두 성격이 크게 튀고 지향하는 건축적 목표 또한 달라서, 이를 조화롭게 끌어나간다는 것 자체가 어려움의 연속이 아닐 수 없었다. 뒤에 다시 자세히 말하겠지만, 삼성의 삼(3)을 상징이라도 하듯이, 세 사람은 하나가 되어 리움미술관의 설계를 완성했다.

2000년대 초반 한남동 이건희 회장 자택 부근에서 거대한 건축 공사가 드디어 진행되었다. 호암미술관을 계승한 미술관이 지어진다는 소식에 언론과 주민들이 한껏 들떠 있었다. 단순한 승계가 아니라, 박물관을 '다 바꾸고' 새롭게 재개관하려는 '그랜드 플랜'의 첫 삽을 뜨는 어마어마한 공사였다.

그러나 드디어 공사가 시작되었다는 안도감도 잠시뿐, 어려움을 채 벗어나기도 전에 또 다른 어려움이 순식간에 눈앞에 닥쳐왔다. 끝도 없이 펼쳐지는 화강암반층을 말뚝드릴로 뚫어 부수는 일이 밤낮없이 계속되면서 주변 주민들의 민원이 끊이질 않았고, 공사를 공치기라도 하면 관계자들의 신경은 송곳처럼 예민해져갔다. 원래의 계획보다 훨씬 많은 예산이 소요되었다. 그러나 누구도 공사를 멈출 수는 없는 노릇이었다. 공사라지만 여느 공사와는 크게 달랐다.

문화유산 보존과 전시의 새 시대를 열어줄 리움미술관의 데뷔는 초대 회장이 다져놓은 기반 위에 2대 회장이 마음 깊이 담아온 '다 바꿔!' 철학을 문화분야에서 결산하는 작업이었다. 동시에 미술을 대중에게 가깝게 끌어주는 기업의 사회적 책임이었다. 그만큼 리움에 거는 이 회장의 기대는 클 수밖에 없었다.

명품의 집

2004년 10월 19일 삼성미술관-리움의 개관식이 열렸다. 용인의 호암미술관에서 시작된 '명품 수집'을 서울로 옮겨와 현대화된 박물관에서 새롭게 선보이는 순간이었다. 리움의 개관은 국제적 수준의 박물관 공간을 서울 도심에 마련했다는 의미를 갖는다. 개관식 행사를 빛낸 인물은 물론 이건희 회장 부부와 각계각층의 사회 저명인사들이지만, 세계적인 3인의 스타 건축가가 함께했다는 사실은 세간의 이목을 끌기에 충분했다. 프로젝트 내내 과업을 주도한 학자풍의 렘 콜하스, 강렬한 개성의 마리오 보타 그리고 아랍문화센터로 세계적 스타가 된 장 누벨의 합작품으로 리움은 탄생했다.

세 건축가가 설계한 리움미술관은 크게 세 부분으로 구성되어 있다. 규모는 대지 700평에 연면적 3,000평의 뮤지엄1, 대지 500평에 연면적

1,500평의 뮤지엄2, 중간에 설치된 연면적 3,900평의 아동교육문화센터, 합치면 8,400평에 달한다.

고미술전시관(뮤지엄1)은 원추 윗꼭지를 잘라낸 형상의 원통형 건물로 설계되었는데, 위에서 아래로 내려가면서 전시물을 감상하도록 배려하고 있다. 쇼케이스는 곡면 공간에 전시품을 안배하고 있는데, 위로부터 청자, 분청사기, 백자의 순으로 도자기를 2개 층에 배열하고, 그 아래로 금속공예품과 고서화를 각각 1개 층에 전시해 크게 4개 층과 가벽을 세운 연결 통로로 구성되어 있다.

현대미술전시관(뮤지엄2)은 사각형의 공간을 여럿 합친 모양의 공간 구성을 보여주고 있는데, 액자 형태의 현대미술품을 소화하기 위한 방편으로 직선적인 구성을 최우선시하고 있다. 크게 국내 작가의 근·현대미술과 외국 작가의 현대미술 그리고 일부 조각품과 설치미술품을 위한 공간을 배치하였다. 뮤지엄1, 2를 통틀어 전체의 구성에 있어 검정색 중심의 어두운 조명을 취하고 있는 것이 특징인데, 이는 전시품에 집중하기를 기대하는 미술관 측의 요구가 설계에 적절히 반영된 것으로 보인다.

두 개의 큰 공간은 중간의 원형 로톤다-소광장 접합부로 이어져, 렘 콜하스가 설계한 복합문화공간으로 연결된다. 초기에 아동교육문화센터로 의도된 이 공간은 실제로는 포스트모던풍의 기획공간으로, 현재는 주로 단기기획전 장소로 이용되고 있다. 이런 유의 공간은 시내 태평로 소재의 전시장 '플라토'에서도 볼 수 있는데, 주로 현대미술이나 설치작가의 작품 전시에 이용되는 경우가 많다.

여기에서 잠깐 박물관 건축의 요건을 꼽아보겠다.

첫째, 박물관은 아름다운 건축이어야 한다. 건축가가 박물관 건축에 욕심을 내는 중요한 이유는 훌륭한 예술작품으로 남기고 싶기 때문이다. 건축의 역사에 한 획을 긋는 작품을 만들어내기 위해 건축가들은 박물관 건축에 자신의 모든 역량을 쏟아붓는데, 특히 아름답다는 평을 받기 위해 건축적 구성 위에 미적 가치를 발현하기 위한 노력을 기울인다. 세계적으로 유명한 박물관의 특징은 새로운 기류를 형성하는 데 기여했거나 건축적인 아름다움을 표현했거나로 압축된다.

둘째, 박물관은 기능성 건축이라야 한다. 모든 건축이 기능적인 데서 출발하지만, 박물관 건축은 특히 기능을 잘 소화하는 방향으로 설계가 완성되지 않으면 안 된다. 세계의 박물관 건축의 흐름은 최근 들어 특히 기능을 더욱 강조하는 방향으로 전개되고 있다. 박물관 건축의 기능에서는 전시공간과 수장공간이 으뜸을 차지한다.

셋째, 박물관은 수집품의 특성을 살리는 전시공간을 가져야 한다. 대부분의 건축가는 박물관 유물에 대해 잘 알지 못한다. 때문에 설계의 초기 단계에서부터 소장품 전문 연구자인 큐레이터와의 협력이 매우 중요하다. 아무리 아름답고 기능적으로 설계된 건축이라도 해당 박물관 수집품의 성격을 잘 드러내는 설계가 바탕이 되지 않으면 의미를 살리기 어렵다.

그런 의미에서 리움미술관은 박물관 건축이 가져야 하는 세 가지 요건을 잘 갖추어 설계되고 공사가 진행되었다. 우리가 리움을 주목하는 근거는 바로 여기에서 출발하고 있다. 리움은 세 사람의 스타 건축가가 각각 다른 코너를 해결하는 방향으로 설계되었는데, 결과적으로 세 건축가는 리움의 수집품을 잘 소화해냈다는 평가를 받기에 모자람이 없다. 고미술 전시관은 공예나 고서화 중심의 명품들이 적절한 전시 환경 속에서 아름다움을 빛내도록 설계가 완성되었다. 현대미술전시관이나 복합문화공간도 각각 그 공간이 필요로 했던 요건들을 충실히 만들어냄으로써 기능에 문제가 없음을 보여주고 있다.

우리나라 박물관 건축은 전반적으로 아직 초보적인 단계에 머물러 있다고 생각한다. 위에서 이야기한 아름다움, 기능성, 소장품의 특성 반영 전시라는 세 가지 관점에서 볼 때, 이를 제대로 소화한 박물관을 찾아보기 어렵다. 리움미술관은 글로벌 환경의 변화를 읽은 모범적인 박물관이다. 새 시대의 박물관 건축으로서 척박한 우리나라 박물관 문화를 한 단계 업그레이드시키는 역할을 톡톡히 해내고 있다. 건축은 물론이고 전시나 관람객 서비스, 디자인 등 여러 방면에서 선진적인 모습을 평가할 만하다.

Leeum

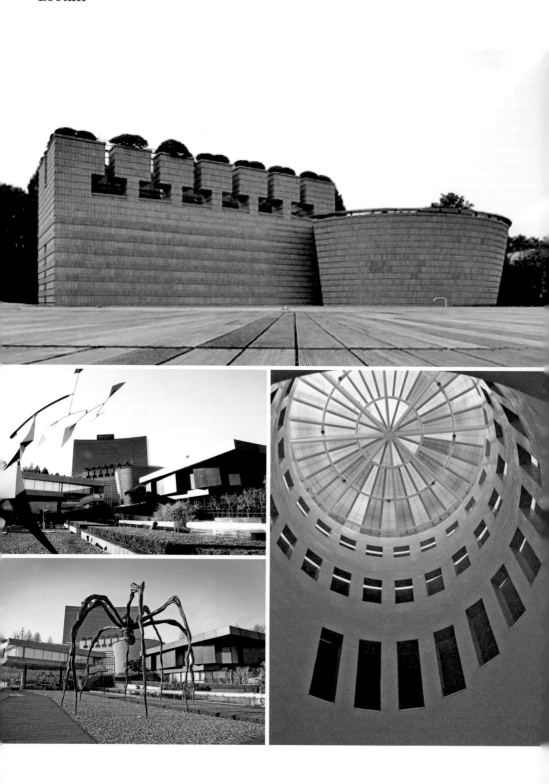

4 리움 명품 살펴보기

백자달항아리

리움컬렉션의 백미

  '백자달항아리'가 본격적으로 인구에 회자된 것은 2009년에 열린 '달항아리 특별전'부터이다. 문화재청 주관으로 달항아리만을 모아서 특별전시회를 개최하고, 그중 특히 뛰어난 작품들을 국보·보물 지정문화재에 추가하면서, 달항아리들이 제대로 대접받기 시작했다.

  중국이나 일본이라면, 백자달항아리에 대한 이런 각광은 상상하기 어려운 일이다. 왜 우리나라에서 유독 달항아리가 큰 사랑을 받는 것일까? 무슨 배경 때문에 우리는 그렇게 달항아리의 멋에 매료되고 감탄하는 것일까? 화가 김환기가 달항아리에 미쳐서, 달항아리를 그려내는 데 그토록 열심이었던 까닭은 무엇일까?

  백자는 말 그대로 '흰색 도자기'를 뜻한다. 그러나 흰색에도 여러 가지가 있다. 눈이 부신 햇빛의 흰색으로부터 폭설이 내린 다음 날 따스한 아침의 흰색, 엄마 젖 색깔 나는 우윳빛 흰색, 동자승의 머리 위로 어른거리는 푸름을 머금은 흰색 등…. 생각하기에 따라 수백수천의 흰색이 나올 수 있다. 그에 못지않게 도자기의 형태도 빚고 굽기에 따라 다양한 모습으로 여러 종류가 나올 수 있다. 그런 다양한 조합 중의 하나로 달항아리가 빚어졌고 구워졌다. 반듯한 모양도 있고 비대칭으로 일그러진 형태도 보인다. 뽀얀 우윳빛이 있는가 하면 약간 푸르스름하게 느껴지는 흰 빛깔의 달항아리도 가끔 보인다.

백자달항아리는 조선시대 중기 이후 번성했던 사옹원司饔院 광주분원廣州分院에서 제작, 생산된 도자기 중의 일부를 일컫는 용어이다. 전문용어는 아니다. 그렇다고 삼류 유행가 가사처럼 막된 이름은 더더욱 아니다. 학술적으로는 순백자구형호純白磁球形壺, 백자환호白磁丸壺 또는 백자대호白磁大壺 등 여러 이름으로 불리지만, '백자달항아리'가 가장 잘 어울리는 호칭이다. 정말 그 이름 한번 기막히다. 이리 잘 지은 이름이 또 있을까?

크기는 대략 45센티미터 내외가 보통이며, 이보다 더 크기 위해서는 진흙 성형부터 균형 잡기가 쉽지 않다. 작으면 왜소해서 볼맛이 떨어진다. 도자기는 진흙으로 형태를 잡아 가마 안에서 구워내면 보통 30퍼센트 이상 줄어든다. 45센티미터의 달항아리를 만들려면 한 번에는 어렵다. 형태를 갖추기 전에 대개는 주저앉아버린다. 때문에 둘로 나눠서 형태를 만들고,

백자달항아리 · 국보 제309호
조선시대 | 높이 44cm 몸통지름 42cm | 삼성미술관-리움 소장

건조대에서 말리기 전에 둘을 붙여서 하나로 만든다. 자세히 보면 가운데에 옆으로 돌아가는 횡선이 있는데, 이것이 바로 그 때문이다. 상하 균형을 고려해서 입술을 약간 크게 세우고, 굽받침은 조금 작게 하여 훤칠하게 솟은 느낌이 나도록 배려했다. 몸통의 비례는 높이와 지름이 대충 1대1에 가깝다.

바둑판처럼 찍어내는 것은 기피해야 할 첫 번째 항목이다. 도공의 마음 상태에 따라 움직이는 손놀림이 여유롭기도 하고 때에 따라서 가파롭기도 하다. 손으로 할 수 있는 일이 있고, 손을 떠나서 이루어지는 일도 있다. 손은 인공이지만, 손을 떠나면 신의 영역이다.

달항아리에는 인간의 영역과 신의 영역이 밤과 낮처럼 교차하고 있다. 달항아리의 제일가는 볼거리는 옆으로 매끄럽게 흘러내리는 무념무상의 곡선과 그 흐름에 있다. 마음을 따스하게 만드는 우윳빛 흰색은 덤이다. 전체의 조형은 보는 감상자의 마음에 달렸다.

국보로 지정된 달항아리가 여러 점 있지만, 빼어난 맛은 국립박물관 소장의 국보 제1439호와 이 309호가 쌍벽을 이룬다. 나는 그중에서도 리움 소장의 국보 제309호를 최고로 매긴다. 달항아리의 미스코리아이다. 우리 도자기의 참맛을 이처럼 잘 보여주는 작품이 또 있을까 싶다. 그 모든 정점에 달항아리가 있다는 생각은 나만의 착각이 아니다. 국보 제309호 〈백자달항아리〉는 나의 손을 거쳐 리움에서 영원의 안식처를 찾았다.

이 〈백자달항아리〉는 팔자 센 미녀처럼 사연도 많다. 여러 사람을 거쳤지만 임자를 못 찾아 돌아다녔다. 매물로 나올 무렵에도 골동품상들이 여럿 걸쳐 있다고 들었다. 제각기 한몫 단단히 챙기려는 작은 잇속 때문이었다. 내가 이건희 회장의 출근을 막아서서 결재 처리한 문제의 도자기가 바로 이 팔자 센 달항아리이다. 당시 아파트 여러 채 값을 치렀다.

구입하고 얼마 지나지 않아서 바로 보물로 지정되었는데, 나는 그것이 참으로 아쉬웠다. 국보나 보물은 같은 지정문화재라도 격이 다르다. 절세 미녀인 이 〈백자달항아리〉는 국보급이 틀림없고 그중에서도 '특급품'이라 믿었던 나로서는 보물로 지정된다는 소식에 오히려 허탈해졌다. 한동안 그렇게 허탈한 마음을 감출 수 없었지만, 세월이 흘러 그 가치가 재평가되면서 국보로 드디어 제자리를 찾게 되었다. "늦었지만 바른 결정이고, 구색을 갖춘 대접이다." 국보 지정 소식을 듣고 그렇게 중얼거릴 만큼 나는 한시름을 놓을 수 있었다.

국보 제309호 〈백자달항아리〉는 구름에 살짝 가려진 편안한 달이다. 달은 보름달이 으뜸이고, 휘영청 밝은 달보다는 구름에 걸친 달에 운치가 흘러넘치지 않는가. 원래 항아리 안의 액체가 배어들어 몸통 아래쪽에 그림자가 생겼지만, 이 그림자야말로 사람 손을 벗어난 기막힌 조화가 아닐 수 없다. 처음 백자를 가져온 사람이 이 그림자를 빼면 어떠냐 하기에 기겁하여 손사래를 쳤다. 골동품계에서 때 빼는 일은 다반사다. 하지만 그림자가 빠지는 순간 옷 벗은 여인처럼 신비로운 맛은 멀리 달아나버리고 말 것이므로, 나는 정색하여 그들을 말렸다. 때를 빼면 구입하지 않겠다고 단호하게 저지해서 남게 된 기막힌 작품이다.

또 이 〈백자달항아리〉는 단원의 화첩 《절세보첩》과 함께 놓고 보기에 좋은 작품이다. 나는 이 309호 〈백자달항아리〉를 화첩 중 백미인 〈소림명월도〉 기분이 나도록 전시할 계획을 가졌었다. 현재는 내 의도와는 다르게 전시되어 있지만, 달항아리의 진면목을 보여주려면 〈소림명월도〉 분위기

이상이 없다는 생각에는 변함이 없다.

이건희 회장이 백자 마니아였던 만큼 백자 이야길 좀 더 해볼까 한다. 고려 말 혼란스러운 사회 분위기를 틈타 이성계는 새 왕조 조선을 개국한다. 불교의 폐해를 지켜보았던 실력자 정도전을 앞세운 신진사림은 태조를 도와 조선을 엄격한 유교의 나라로 만들고자 하였다. 그 결과 우리가 알고 있는 새 나라 조선이 들어서고 이후 500년이나 역사를 이어나갔다. 그러한 정신과 이상을 담은 그릇이 바로 조선백자이다. 유교의 차가운 기본 틀과 선비 세력의 엄격한 규범이 조화를 이루었다고나 할까! 고려청자와는 바탕이 다르고, 지향하는 목표에도 차이가 있었다.

물론 도자기의 배경을 살펴보면, 원말명초의 중국 청화백자가 조선백자의 고향이라고 말해야 자연스럽다. 조선에서 스스로 창안한 것이 아니라, 중국으로부터 영향 받았음을 부정하기는 어렵다. 그러나 조선백자는 독자적인 길로 뻗어나갔다. 그중의 한 갈래를 우리는 순백자에서 찾을 수 있고, 그 결정판으로 달항아리를 꼽는 데 나는 주저하지 않는다. 조선 초기 청화백자는 중국 명나라 청화백자로부터 영향을 받았지만, 중국 백자에서는 조선식의 순백자를 찾아볼 수 없고 달항아리는 어림도 없다. 달항아리는 조선 선비문화의 자존심이다.

도자기야말로 삼국의 정서를 잘 대변해주고 있다. 중국의 도자기는 숨이 벅차다. 조선 후기로 가서야 만들어지는 일본 도자기는 기교를 가득 담고 있다. 중국은 완벽주의, 일본은 탐미주의라면 우리는 자연주의다. 중국인이 볼 때, 조선백자는 어딘가 나사가 빠져 있다. 손을 대고 싶어도 손을 볼 수가 없다. 어디서부터 손을 대야 할지 모르게 완벽과는 거리가 멀어서 아예 새로 만들어야 한다. 일본에서 보자면, 조선백자는 막걸리 걸친 노인네 품새다. 자로 반듯이 직선을 그어야 직성이 풀리는 일본인이 볼 때, 달항아리는 불가사의 그 자체이다.

달항아리에는 의도적인 완벽주의 지향성이나 가식적인 공예 지향적 꼼꼼함이 전혀 없다. 조선 도자기 전체를 놓고 보아도 형태의 완벽함이나 마무리의 섬세한 노력을 찾아보기 어렵다. 그런 주문은 우리의 정서에도 맞지 않고, 조선 도공에게는 쓸데없는 염불소리에 지나지 않아서 나름의 도자기 완성 원칙에서 크게 벗어나 있었기 때문이다.

우리가 추구한 최고의 덕목은 자연스러움, 푸근함, 넉넉함이었기 때문에 중국식의 완성 욕구나 일본풍의 기술 추종은 아예 마음속에 있지 않았다. 달항아리는 그런 시선으로 바라보아야 한다. 넉넉한 마음가짐으로 달항아리를 보면, 그 순간 그 달은 당신의 것이 된다. 그것이 조선 도자기요, 그 절정에 달항아리가 있다.

도자기를 만들기 위해서는 적어도 세 가지가 충족되어야 한다. 첫째는 좋은 흙, 둘째는 우수한 땔나무, 셋째는 원활한 운송수단이다. 조선시대의 경기도 광주, 이천, 여주는 그런 여건을 골고루 갖추었다. 그중에서도 광주는 왕실에 납품하는 도자기를 독점 생산하던 전진기지였다. 무진장 조달되던 질 좋은 고령토와 참나무 장작을 담장이 휘도록 쌓아놓을 수 있었던, 지금의 두물머리 아래 도마리, 금사리, 분원리는 조선백자의 튼실하고 둥그런 엄마배였다. 게다가 한강을 통해 마포나루로, 얼마든지 한양 지배층에 좋은 도자기를 보낼 수 있었다. 때문에 광주 일원에는 가는 곳마다 깨진 백자 파편들이 '미친년 치마끝'처럼 발끝에 차이기 일쑤다.

이 산에서 저 산으로 옮겨다니면서 생산되던 백자는 조선 초부터 이어져온 생명력이 일본의 왜사기가 들어오면서 생산이 중단되었다. 조선이 망하고 조선백자의 전통까지 멸망의 저주에서 벗어나지 못하여 저급 도자기가 판을 치게 된 오늘의 현실은 우리에게 설움이자 아픔이다.

인왕제색도

국보 같은 우정

　다작의 작가 겸재 정선謙齋鄭敾(1676~1759)은 재능이 탁월한 조선 최고의 화가이다. 특히 산수화에서 발군의 재능을 나타냈는데, 나 또한 중국으로부터 역수입된 겸재의 두루마리 작품 한 점을 보고 감탄한 일이 있다. 작품은 일종의 '강산무진도江山無盡圖(끝없이 이어지는 산하를 그려낸 그림)'로, 횡축의 두루마리로 만들어져 펼쳐보는 손맛과 펼쳐가며 서서히 드러나는 작품의 구석구석이 일품인 그림이었다. 맨 끝의 발문을 보니, 중국 절강성 소주蘇洲에서 찾아냈다는 기록이 쓰여 있었다.

　이 발문에는 나름의 유머가 존재한다. 그림을 본 중국의 감식안이 "이 작가가 누구인지는 몰라도 처음 보는 이름치고는 작품을 꽤나 잘 그리고 있다"고 극찬을 덧대어놓았다. 겸재 정선을 중국 변방 출신의 무명화가로 보고 솜씨에 놀란 심정을 그대로 담아낸 것이다. 고의는 아니었겠으나 조선의 화가를 한낱 무지렁이로 치부한 것은 아쉽지만, 그럼에도 불구하고 감탄을 자아내는 그림을 그렸다고 평한 것을 보면 감식안의 자격은 충분해 보인다. 이 작품이 언제 어떤 경로로 중국까지 흘러가게 되었는지는 알려진 바 없지만, 실력을 갖춘 훌륭한 그림이기 때문에 중국 감식안의 눈에도 들었던 것이 아닐까.

인왕산을 그려낸 이 두루마리 작품의 공식 학술명칭은 그 유명한 〈인왕제색도仁王霽色圖〉로, 국보 제216호로 지정되어 있다. 영조 27년(1751), 겸재의 나이 76세에 인왕산의 실제 경치를 보고 그렸으며, 현재 조선 화단의 기념비적인 그림으로 전해진다.

조선을 통틀어 가장 조선다운 작품들이 그 무렵에 큰 조류를 만들어냈다. 우리는 그 작품들을 진경산수眞景山水, 그 시대를 진경시대, 그 대표 작가인 겸재를 진경화가라고 부른다. 알다시피 진경은 '진짜 경치'라는 말로, 실제로 존재하는 경치를 뜻한다. 이전까지 화단을 지배해왔던 관념산수觀念山水나 사의화寫意畵에 대비되는 용어로, 당시의 뚜렷한 경향을 보여주는 특징적인 용어이다.

중국에서 시작된 산수화의 전통은 조선을 거쳐 일본에까지 전파되었다. 산수화는 자연의 경치를 그린 그림 중에서도 '산과 물'을 주된 구성요소로 삼는 그림을 말하며, 통틀어 산수화라는 이름으로 지칭되어왔다. 그러던

인왕제색도 · 국보 제216호

정선 | 조선시대 | 종이에 수묵담채 | 79.2×138.2cm | 삼성미술관-리움 소장

중 겸재 정선에 이르러 우리 미술의 정체성에 대한 자각운동이 일어나면서 한국 회화만의 독특한 특징을 담은 '진경산수'가 본격적으로 시작되었다. 겸재는 금강산과 한강 일대의 풍광을 사실적인 기법으로 화폭에 담아냈고, 겸재화파라 할 수 있는 단원 김홍도 역시 단양팔경이나 금강산 명승을 화폭에 주로 기록하였다.

사실 서울 주변에는 빼어난 바위산이 많다. 도봉동 쪽에 2층집을 갖고 있는 모 서예가는 자기는 세상에서 제일 아름다운 정원을 가졌다고 내게 자랑을 하기도 한다. 기암절벽이 빼어난 도봉산 일대가 자기 집 정원이란 이야기다. 그만큼 서울 시내에서는 의외로 아름다운 거벽암봉들을 쉽게 찾아볼 수 있는데, 그중의 하나가 바로 인왕산이다.

나 역시 인왕산 아래에 놓인 지금의 체부동에서 어린 시절을 보내며 인왕산의 빼어난 모습을 내 집 정원처럼 마주하곤 했다. 치마바위 아래는 동무들과 놀기 좋은 아지트였다. 넓고 평퍼짐한 바위라 놀이터로도 안성맞춤이었다. 주변 숲에서 개장수들이 개를 나무에 매달아둔 채 불을 피우고 물을 끓이는 짓거리를 도둑고양이처럼 숨어서 구경하며 시간을 보냈다. 그렇듯이 인왕산은 도시 속의 자연이면서, 한편으로는 강원도 깊은 산골 같은 느낌을 주는 골짜기와 암봉들이 많아, 은둔 즉 숨어드는 듯한 착각을 불러일으키는 곳이다.

미술사학자 오주석의 분석에 따르면, 〈인왕제색도〉는 지금의 삼청동 정독도서관 부근의 언덕에서 그려졌다고 한다. 인왕산의 거친 암봉과 소나무숲, 그리고 기와집을 주된 구성요소로 깔끔하게 모아놓은 그림이 딱 그 위치와 맞아떨어진다는 주장이다.

그러나 찬란한 유산이 대개 그러하듯, 이 작품에도 애잔한 후일담이 서려 있다. 겸재가 이 그림을 그린 주요 목적은 풍경을 담아내는 것이 아니었다. 절친한 벗이자 평생의 후원자였던 사천 이병연泗川 李秉淵(1671~1751)이 병석에 눕자, 그의 쾌유를 빌기 위해 그린 그림이 바로 〈인왕제색도〉이다. 참으로 애잔한 우정이다.

겸재는 정확히 1751년 5월 25일 인왕산을 바라보며 장맛비가 개듯 쾌유하기를 비는 마음을 가득 담아 이 그림를 그렸는데,《승정원일기》에 따르면 실제 5월 19일부터 25일까지 비가 내리다가 오후 들어 맑게 개었다고 한다. 그러나 반가워 붓을 들었던 겸재의 애틋한 바람과는 달리, 사천은 나흘 후 세상을 떠나고 말았다. 그림에서 느껴지는 애절함과 비장함은 아마도 그런 겸재의 가슴으로부터 차오른 것이 아닐까.

살아생전 겸재와 사천의 우정은 더없이 끈끈했다. 별볼일없는 양반가 출신이었던 정선은 말년에 관직을 받기는 했지만, 예술가에게 무명의 설움은 참으로 깊은 고독이었을 것이다. 자신의 재능을 알아보고 인정해주던 동문수학 이병연이 있어 정선은 지치지 않고 그림을 그릴 수 있었다. 그를 항상 가슴에 담고 살았다. 문필가였던 사천은 겸재와 시와 그림을 주고받으며 그의 재능을 독려하곤 했다. 화가와 문인의 만남을 기이하게 보는 시선들도 있었지만, 둘은 세상의 시선에 개의치 않고 우정을 쌓아나갔다.

그렇듯 끈끈한 우정을 나누던 벗 이병연이 노환으로 병석에 눕자(사천은 겸재보다 다섯 살 연상이었다) 겸재는 허망함을 이기지 못해 그의 집이 있는 인왕산을 바라다보며 지나간 시절을 추억에 담으려 했다.

그림의 위쪽에 일부 잘려나간 듯한 부분을 볼 수 있는데, 작고한 최순우 전 국립중앙박물관장에 의하면, 원래 제발題跋(서적이나 서화 등에 붙여지는 제사와 발문) 같은 글이 쓰여 있었을 것이라고 한다. 그랬다면 이병연과의 우정과 추억을 회상하는 구절로 채워져 있었을 터인데, 아쉬운 일이다.

그림 상단 오른편에 치우쳐서 눈에 익은 필치로 겸재가 직접 낙관을 써넣었는데, 그 내용은 '인왕제색仁王霽色 겸재謙齋 신미윤월하완辛未閏月下浣'이며, 먹으로 세 줄을 쓰고 겸재라는 낙관 아래로 '정선鄭敾' '원백元伯'이라는 두 개의 도장을 위아래로 찍었다.

76세라는 나이가 믿기지 않을 정도로 정확하고 안정된 구도이며, 흔들림 없는 필획으로 채워져 완성도가 높다. 그림은 종이 위에 맑은 채색으로 그려졌는데, 일반적인 그림보다 큰 편으로, 세로 79.2센티미터 가로 138.2센티미터의 크기를 자랑한다.

겸재가 시도한 주봉의 면 분할이나 적묵 기법은 독창적인 화가로서 그를 더욱 돋보이게 한다. 뿐만 아니라 주봉은 중앙에 짙은 먹으로 강조하고, 그 아래로 안개 낀 공간을 배치하여 대비를 이루게 하면서 공간감을 넓혀 나가고 있다. 소나무와 이병연의 가옥이 있는 전면의 경치는 부감법俯瞰法으로 공중에 떠서 아래를 보듯이 그려내고, 멀리 능선 너머로 사라져가는 경치는 고원법高遠法으로 원근감을 불어넣음으로써 그림 전체에 차분한 안정감을 살리고 있다.

또 안개 낀 능선은 옅은 색으로, 바위와 수목은 짙게 처리하여 명암 대비의 강조 효과를 높임으로써 그림에 긴장감을 부여한다. 이런 구도나 대비법은 과거에 그가 사용해온 화법에서 벗어나 벗을 위하는 심경의 변화를 효과적으로 살려내고 있다.

화가로서 그는 대상에 알맞은 적절한 화법을 자유자재로 구사하였다. 유명한 〈금강전도〉에서는 물고기가 보듯 어안렌즈에 담은 금강산의 여러

경치를 화폭에 효과적으로 담아내는 데 성공하기도 하지 않았던가. 다작
이면서도 걸작을 내는 작가는 어디가 달라도 다르다.

　독일에서 활동 중인 현대 추상화가 차우희는, 겸재보다 150년 뒤에 태
어난 인상파 화가 세잔이 사용한 '면 분할 기법'을 이미 겸재가 사용하고
있었음에 주목해, 겸재의 천재성을 기리는 일련의 작업(오마주)을 시도했다.
또 삼성미술관 신관 설계에 참여했던 세계적인 건축가 프랭크 게리는 우
리나라의 종묘 사진과 겸재의 〈인왕제색도〉 그림을 자신의 설계사무실에
걸어놓고 항상 들여다본다며 찬사를 보냈다. 겸재를 가장 한국적인 화가
로 보았기 때문에 가능한 일이었을 것이다.
　〈인왕제색도〉는 진경산수화를 대표하는 걸작으로 살아남았다. 물유각주
物有各主라는 말처럼, 물건에는 저마다 임자가 따로 있는 법이다. 특히 수
집 분야는 돌고 도는 세계이지만 결국은 진짜 주인이 나타나 안식처를 찾
게 된다는 섭리가 있다. 〈인왕제색도〉 역시 지금은 삼성의 품에서 안식을
취하고 있지 않은가.

고구려반가상

한 골동품상의 집념이 지켜낸 고구려 보물

세상에는 별의별 사람이 다 있다. 세상을 손아귀에 쥐고 흔들어대고자 하는 권력 지향의 정치가가 있는가 하면, 재물을 모으고 쌓아가는 데서 희열을 느끼는 경제인도 있고, 별다른 희망 없이 하루하루를 힘들게 살아가는 노숙자도 있다. 하지만 대부분의 사람들은 세상이 알아주지 않아도 신념과 소신으로 보람 있는 일을 하며 성실하게 살아가는 필부필부匹夫匹婦들일 것이다. 금속유물 전문가 김동현 또한 평범한 소시민임에도 어느 누구도 하기 힘든 특별한 일을 해낸 인물이다.

김동현, 그의 이름 석 자를 기억하는 이는 거의 없다. 하지만 금속유물 분야에서 그는 전설적인 인물이다. 고미술 골동품계에서 그는 특이한 별종으로 통했다. 고래 힘줄처럼 고집이 세고 괴팍한 성격의 소유자로 유명했는데, 그가 바로 천신만고 끝에 우리나라에 유일한 〈고구려반가상〉(국보 제118호 〈금동미륵보살반가사유상〉)을 지켜낸 인물이다.

고구려 유물이 남한 지역에 남아 있는 경우는 대단히 드물다. 문제의 〈고구려반가상〉은 삼국시대 최고最古의 반가사유상으로, 관심 있는 많은 이들에게 주목의 대상이 되어왔다. 평양 인근의 평천사平川寺 절터에서 출토되었다고 알려진 이 불상을 대뜸 알아보고 평생 지켜낸 이가 바로 김동현이다. 몸을 던져 지켜냈다고 해도 모자랄 정도로 이 불상에 대한 그의 집념은 상상을 뛰어넘은 것이었다.

일본이 세계에 자랑하는 목조반가상의 원조이자, 국보 제83호 〈금동미륵보살반가사유상〉의 할아버지쯤 되는 이 〈고구려반가상〉이 없었다면 우리나라 불상의 족보를 제대로 세울 수 있었겠는가. 그렇지 않아도 고구려 유물이 희귀한 마당에 독보적 위치에 있는 〈고구려반가상〉을 우리가 갖게 되었다는 사실은 의미가 컸다. 또한 반가상으로 대표되는 미륵신앙이 고구려에서 크게 유행했음을 보여주는 좋은 예로서 가치가 있다. 후일 국보 제118호로 뒤늦게 지정받았다.

전문가들은 이구동성으로 이 반가상을 극찬했다. 고려대에 재직하던 국사학자 이홍직 교수는 "고구려 땅에서 나온 것으로는 처음이다. 앞으로 반가상 연구와 그 계통을 밝히는 데 중요한 자료다"라고 했고, 서울대의 김원룡 교수는 "최초의 고구려 금동반가사유상으로 그 가치는 참으로 귀중하다. 고구려 불상이라는 이름만으로도 중요한 불상이다"라고 했다. 또 후에 국립중앙박물관장을 역임한 최순우 당시 미술과장은 "6·25 전부터 보려고 애써오던 불상으로, 상상했던 이상으로 훌륭하다. 그래서 더 충격적이다. 중요한 것은 고구려적인 강한 느낌을 주는 최초의 고구려반가상이다"라고 칭찬에 열을 올렸다. 많은 고구려 유적과 유물이 북한에 있어 고구려 미술에 대한 아쉬움이 적지 않은 마당에, 이 반가상은 목마른 자에게 샘 같은 존재가 되었다.

고구려는 삼국 중에서 제일 앞서가는 선진국으로서 중국의 전진이라는 나라를 통해 수입된 불교를 공인하고 수많은 절과 탑을 세웠으며, 불경을 짓고 불상을 만들어 각지로 유포시키는 등 포교에 힘썼다. 국력을 바탕으로 불교의 전파를 위해 노력했다. 새로운 종교가 들어와서 뿌리를 내리기까지는 많은 저항과 순교가 뒤따른다. 정착하는 데 엄청난 희생과 시간이 소요되는 법이다. 이 불상은 그런 당시의 정황을 잘 보여주는 사례로 꼽힌다. 고구려 소수림왕 2년(372)에 불교가 도입되고도 무려 100년 이상 지나서야 만들어진 유물이다. 5세기 말이나 6세기 초에 만들어진 것으로 추정된다.

우리나라 미술품들이 보통 정면관(앞에서 바라본 모습) 위주로 만들어져서 그런지 대체로 입체성을 보이지 못하는 데 비해, 이 〈고구려반가상〉은 전후좌우 어디서 보아도 중후하고도 아름다운 자태를 느낄 수 있는 입체 불상이다. 전체 높이 17.5센티미터에 대좌는 11.5×9.5센티미터 크기이다. 호주머니에 낳고 다니기 딱 좋은 호신불과 통한다. 연꽃잎이 둘려진 둥그런 의자 위에 무릎을 걸친 반가의 모습으로 제작된 전형적인 반가사유상

고구려반가상(금동미륵보살반가사유상) · **국보 제118호**
삼국시대 | 청동에 도금 | 높이 17.5cm | 삼성미술관-리움 소장

으로, 조형적으로 매우 오래된 고식을 보여준다. 우리나라 반가사유상 중에서 제일 오래되었다는 평가를 받고 있다.

불교에서는 최고의 경지로 치는 깨달음의 세계를 불상으로 표현할 때 금을 사용한다. 가장 좋기로는 순금이 으뜸이지만, 금속 상태의 금은 매우 귀하고 값이 비싸 보통은 도금을 한다. 겉을 금색 칠로 대신하는 것을 도금이라 하는데, 구리나 청동의 표면을 도금한 불상을 금동불상이라 한다. 이 〈고구려반가상〉은 청동의 표면을 도금한 불상이다.

국왕 발원 등 중요한 불사에 드물게 순금불상이 만들어지기도 한다. 경주 구황리에서 발견된 신라시대 순금불상(국보 제79호 〈경주 구황동 금제여래좌상〉)이 좋은 예이다. 그러나 워낙 불교 행사가 많다 보니 금동불상으로 대체하지 않을 수 없었다.

불상은 여러 가지 자세로 제작된다. 자세는 불상 즉 부처의 역할을 말해준다. 부처가 득도를 했는지, 도를 깨우치고 나서 설법을 하고 있는지, 중생을 병마와 고통으로부터 구해내려 하는지, 참선을 통해 깊은 명상의 세계로 나아가고 있는지를 불상의 자세가 이야기해준다. 그 부처의 역할이 무엇인지를 알게 해주는 것이다.

〈고구려반가상〉은 반가사유상으로, 다시 말하면 로댕의 〈생각하는 사람〉처럼 사색을 통해 무언가를 갈구하는 부처의 역할을 보여준다. 미래에 성불하여 부처가 되는 미륵보살이 연꽃 받침의 좌대 위에서 오른발을 왼 무릎에 걸치고 그 위로 팔꿈치를 받친 채 손을 턱에 괴고 앉아 중생의 괴로움을 벗겨주기 위해 고뇌하는 모습을 표현하고 있다. 반가사유상은 이런 교리 위에 같은 자세를 취하도록 만들어지지만, 시대가 바뀌면서 걸치는 옷의 주름 등에 변화가 있어서 양식적인 차이를 규명할 수 있다.

딱딱하고 넓적한 얼굴에 입술 끝을 오므려 올려 가벼운 '부처의 미소'를 머금도록 표현되어 있고, 부리부리한 눈매와 꼭 다문 입에는 고구려 미술의 특징인 강한 남성미가 넘쳐흐른다. 웃통을 벗은 상반신과 허리 아래를 감싸고 있는 옷자락과 영락 장식은 아름다운 무늬를 창출한다. 다리 쪽은 간단한 음각선으로 영어 U자 모양의 부드러운 주름을 만들어냈고, 의자에는 오메가 무늬를 이중으로 나타냈다. 머리에는 미륵보살이 즐겨 쓰는 삼산관이 장식되었으며, 표면을 뒤덮은 도금은 진한 금색으로 도금 색 중에서도 특급에 속해 아름답다.

출토 당시에 이미 오른뺨을 괴던 오른쪽 아래팔이 부러져나가 있었고, 일부 불을 먹은 흔적도 남아 있다. 전체를 하나의 주물로 떠서 제작하였으며, 뒷머리 중간에 광배를 꽂았던 꼭지가 남아 있는 것으로 보아 따로 만든 광배가 있었을 것으로 추정된다. 평천리 출토로 전하는 광배가 보고된 일이 있지만 이 불상과의 관련성은 확단하기 어렵다.

김동현의 경우처럼 중요한 유물에 일생을 걸고 몸을 바쳐 지켜냈다는 사실은 그 자체가 미담이자 감동적인 드라마이다. 일제의 약탈과 전란의 피해로 문화재가 일실되거나 국민들의 무지로 인해 사라져가는 경우가 얼마나 많았던가.

1940년 어느 날, 평양 남선동에 화천당이라는 골동품가게를 내고 있던 김동현에게 인부 차림의 한국인이 보자기에 기왓장과 벽돌을 싸가지고 나타났다. 고구려 기와로 추정되는 것들로, 개중에는 글자가 새겨진 것도 있었다. 그는 평양 외곽의 평천리에 있는 일본 병기창에서 일하던 막노동꾼이었는데, 그저 심심풀이 대폿값 정도를 기대하고 화천당을 찾은 길이었다. 채집한 장소가 고구려 절터라는 것을 직감한 김동현은 인부 임금의 열 배가 넘는 200원을 그의 손에 쥐여주었다.

두 눈이 휘둥그레지게 놀라 돌아간 인부가 며칠 뒤 손에 무언가를 들고 다시 나타났다. 인사치레로 들고 온 것은 놀랍게도 흙범벅이 된 고구려 불상 뭉치였다. 기겁을 한 김동현은 그에게 기와집 세 채 값이 넘는 거금 6천 원을 쥐여주고 입조심을 신신당부했다. 당시는 일제가 눈이 뒤집혀서 평양 일대를 훑고 다닐 때였다. 여차하면 그들에게 보물을 뺏길 것이 분명했기 때문에 그는 두 번 세 번 당부하는 것을 잊지 않았다. 일제는 경주와 평양, 개성 등 왕도의 역사유적에 대해 조사를 시작하면서 고도의 역사 말살 정책으로 유물을 쓸어담고 있었다.

아니나 다를까, 며칠이 지난 어느 날 일본인들이 김동현의 가게에 들이닥쳤다. 어떻게 알아챘는지 그들은 불상 뭉치를 내놓으라고 야단법석을 떨었다. 협박도 보탰다. 그러나 김동현은 꿈쩍도 하지 않고 뚝심으로 버텼다. 이럴 줄 알고 불상을 미리 땅속에 묻어놓았고, 주변에는 전혀 눈치채지 못하게 단속을 해두었기 때문에 느긋하게 버틸 수 있었다. 금속유물은 일단 땅속에 묻으면 공기 중에 노출될 때보다 안전하다.

한국전쟁이 터지자 반가상을 어떻게 처리해야 할지 그는 고심하지 않을 수 없었다. 그의 표현을 빌리자면, '빨갱이들이 판을 치는 세상'에서 언제 어떻게 될지 기약하기 어려워 좌불안석의 나날을 보낼 수밖에 없었다.

그는 혈혈단신으로 월남하면서 이 반가상과 국보 제85호로 지정된 고구려 〈금동신묘명삼존불입상〉 등 몇 점의 골동품만 품 안에 넣고 도망나왔다. 그런데 중간에 검문에 걸리고 말았다. 그는 미리 울긋불긋한 천으로 반가상을 휘감아놓고, 인민군에게는 무당굿 하느라 신상을 안고 있다고 너스레를 떨어 위기를 넘겼다. 부산까지 피난을 가서 부두 노동자 일을 하면서도 이 불상만은 끝끝내 처분하지 않았다. 당시 김동현은 극도로 생활에 쪼들리고 있었다. 반가상을 팔아서 큰돈을 만질 수도 있었다. 그러나 그는 이 반가상은 임자가 따로 있다고 생각해 이를 악물고 참으며 버텼다.

그 불상에 대한 확신이 없었다면 김동현은 결코 그런 모험을 감행하지 못했을 것이다. 그의 안목은 훗날 그 불상이 국보로 지정됨으로써 확실하게 증명되었다. 김동현은 이 반가상을 자기 목숨보다 더 아꼈다. 1963년 경향신문과의 인터뷰를 통해 그는 다음과 같이 심경을 밝혔다.

"남이 갖고 있지 못한, 그리고 본 사람도 없을 이 귀중한 반가상을 나 혼자만이 갖고 있다는 어떤 긍지 때문에 이때까지 세상에 내놓질 않았었다. 자식이 없는 우리 부부에게 이 불상은 오랫동안 아들 구실을 해주었다. 이것 때문에 나는 24년 동안 줄곧 불안과 근심, 초조 속에 살아왔다. 줄곧 땅속에다 묻어 작품을 보관해왔다. 그 오랜 시간 땅속에 묻혔던 작품을 어느덧 세상에 내놓고 보니, 마음이 착잡한 한편 후련하기도 하다. 이제부터 나는 편히 잠을 자게 되었다."

인터뷰는 그렇게 했지만 그는 편히 지낼 수가 없었다. 호암컬렉션에서 인수하기 위해 그를 만났을 때, 그는 다 쓰러져가는 일본 적산가옥의 허름한 방 귀퉁이에서 종지에 담긴 간장을 유일한 반찬으로 살고 있었다. 그 무렵 그는 자기 분수에 맞지 않게 은행 금고에 반가상 일괄품을 보관하며 비싼 사용료를 물고 있었다. 소문이 나자 강도가 들 것을 염려해 그렇게 했다면서 그는 내 손을 잡고 눈물을 글썽였다. 나는 전문학자이고 그는 골동품상 출신이었지만 존경의 마음이 샘솟듯 우러나왔다.

김동현에게 직접 들은 이야기이다. 그에게 〈고구려반가상〉이 있다는 소문이 많이 났던 탓인지, 한번은 우리나라 금속유물을 많이 긁어모았던 일본인 오구라(小倉武之助)가 대구에서 평양으로 그를 찾아왔다. 오구라는 이 불상을 가질 욕심에 당시 기와집 250채 값인 50만 원을 제시했으나 김동현은 들은 체도 하지 않았다. 심지어는 그가 수집해온 금속유물 전부와 이 반가상을 맞바꾸자는 괴이한 제의를 하면서까지 욕심을 냈지만 김동현은 그가 일본인이라서 아무 대꾸도 하지 않음으로써 그가 포기하도록 했다고 전했다. 나는 지난 이야기를 진한 평안도 사투리로 풀어내는 그의 눈빛이 반짝이고 눈물까지 비치는 것을 보고 매우 감격스러웠다.

1970년대 후반, 김동현은 맹장수술을 받고 이어서 피를 토하며 쓰러지는 신세가 되고 말았다. 아마 오랜 세월 동안 제대로 먹지 못하고 마음고생을 해 속이 곪아터진 모양이었다. 건강에 자신을 잃은 그는 〈고구려반가상〉과 〈삼존불〉 그리고 자료로 아껴온 고분 출토의 많은 금속유물들의 거취에 대해 고심하기 시작했다.

그 무렵 호암미술관은 이미 세상에 잘 알려져 있던 터라 학예실장으로 근무하던 나와의 만남이 우연히 이루어졌다. 첫인상 자체가 그는 돈에 욕심이 없어 보였다. 내게는 첫 대면부터 속마음을 털어놓으며 정중하게 대해왔다. 그에게는 오로지 〈고구려반가상〉의 가치를 제대로 알아주고 자기보다 더 아껴줄 곳이 필요했던 것이다. 이제 안심하고 맡길 수 있는 곳이 나타나 고맙다고 젊은 내게 몇 번이고 머리를 조아렸다. 이건희 회장에게 보고하고 우선 집부터 옮겨드렸다.

1980년대 초 그는 자신의 수집품 상당수를 호암미술관에 양도하기 시작했다. 처음에는 〈고구려반가상〉과 순금불상을 포함한 몇 점은 제외하고 넘겼다. 속으로 의아한 생각이 들었지만, 그는 원래 의심이 많아 과연 여기에 〈고구려반가상〉을 맡길 수 있겠나 싶어 떠보려 했던 것 같다.

오랜 접촉 끝에 1990년대 초 그는 〈고구려반가상〉 등 끝까지 손에서 놓으려 하지 않았던 마지막 유물들을 이건희 회장에게 양도하고 마음을 놓았다. 이 회장은 그때 내게 홍삼세트를 선물로 넘겨주며 김 노인의 집에 자주 들러서 이야기 상대가 돼드리라고 지시하기도 했다. 하지만 그 뒤 몇 년 지나지 않아 그는 세상을 떠났다.

김동현은 간장만 먹으면서 몇십 년을 반가상을 지키며 살아왔다. 중간에 팔아 얼마든지 재물을 취할 수도 있었을 텐데, 그는 그러지 않았다. 청와대 가까운 내수동에 마련해준 거처를 다시 방문했을 때에도 그의 생활은 검소하기 이를 데 없었다. 수십 년째 몸에 배어 있는 생활 태도도 그대로여서 안쓰러움과 함께 존경심이 피어올랐다. 긴장이 풀어져서 그랬던지, 목숨처럼 지켜온 반가상이 손을 떠나서 그랬던지, 그는 몇 년 더 살지 못하고 불귀의 객이 되었다. 그러나 그는 지금도 참 대단한 노인으로 내 가슴에 남아 있다.

요즘 세상에 그분 같은 사람은 눈을 씻고 찾아도 없다. 모두들 돈에 눈이 뒤집혀 신념이나 믿음을 찾아보기 어렵다. 제대로 된 골동품상이 눈에 보이지 않는다. 일본은 그렇지 않다. 대를 이어 골동품상을 가업으로 이어나가고 긍지 또한 대단하다. 우리는 돈만 벌었다 하면 언제 그랬냐 싶게 골동품상 명함을 없애버린다. '개처럼 벌어서 정승'처럼 거들먹거릴 일만 찾을 뿐, 김동현의 경우처럼 평생을 걸고 반가상 한 점을 지키고 알아주는 사람을 위해 헌신하는 신의를 찾을 수 없다. 현대미술을 취급하는 화랑은 많아도 대를 잇는 골동품상은 없는 게 우리의 현주소이다.

청화백자매죽문호

지하철 공사장에서 진위가 가려진 최상급 청화백자

조선왕조 초기의 역사에는 흥미로운 현상이 하나 있다. 조선의 개국은 무관 출신의 태조 이성계가 주도했지만, 실제로 나라의 기틀을 다지고 국가다운 면모를 갖추게 끌어올리는 작업은 후대에 이루어졌다. 사극 등을 통해 극적으로 묘사되고 있는 조선 초의 정치 양상은 결국 '왕자의 난'으로 잘 알려진 대로 태종 이방원에 의해 수습되고 이후 새 나라의 기반이 다져진다. 이런 흐름을 그대로 기업에 대비시키는 것은 무리가 있지만, 삼성을 창업한 이병철 회장의 노력은 아들 이건희 회장에 의해 대기업으로서의 기반이 다져지는 과정을 겪게 되는데, 이를 조선 초의 모습에 견주어 보면 공통점이 있다.

창업이 어떻게 이루어졌더라도 능력 있는 사람에 의해 수성되고 발전하지 못하는 집단은 도태되고 만다는 진리를 통감하게 된다. 삼성그룹을 세운 사람은 이병철 회장이지만, 삼성을 세계적인 수준의 기업으로 끌어올리는 역할은 능력이 검증된 셋째아들 이건희에 의해서 이루어졌다. 이병철 회장은 일찍부터 후계자를 누구로 할지 고민했고, 점찍은 후계자를 시험대 위에 놓고 오래 지켜본 후 그에게 경영권을 넘겼다. 이건희의 나이 46세 때의 일이다.

이건희 회장은 카리스마가 대단히 강한 인물로 알려져 있다. 그는 말을 많이 하지 않으면서 상대를 압도하는 무언가가 있다는 이야기를 자주 들었다. 내가 지켜본 그는 말보다도 생각이 한참 앞서가는 타입이었고, 일단 생각한 바를 행동에 옮기면 어디쯤에서 그칠지를 알 수 없는 그런 성격이었다. 다른 분야에 대한 평은 잘 모르겠지만, 내가 지켜본 분야, 즉 골동품이나 현대미술품의 수집 혹은 박물관 분야에 대한 결정은 남다른 바가 많았다. 여느 사람과는 다른 분명한 특징이 있는 것만은 틀림없다.

그는 부친 이병철 회장으로부터 경영 수업을 받는 동안, 다른 한쪽으로 골동품 수업을 남몰래 병행했다. 굳이 비밀스럽게 했다기보다는 개인적인 차원의 관심 분야에 대해 특정한 인물과 만나 배우면서 알고자 했던 것 같다.

잘 알려진 대로 그는 한번 문제를 잡으면 그 문제에 대해 완벽하게 알기 전에는 끝내지 않는다. 특히 백자에 관심이 많았는데, 수집가 홍기대로부

청화백자매죽문호 · 국보 제219호
조선시대 | 높이 41cm 입지름 15.7cm 밑지름 18.2cm | 삼성미술관-리움 소장

터 백자 전반에 대한 공부를 했다고 전해진다. 서화는 화랑을 운영하던 K 모 씨에게 주로 배웠다. 집에서 공부를 하는 경우, 밤을 새워 이야기를 나누고 질문하는 경우가 허다했다. 당시 그는 밤을 새워 일을 하는 때가 많았는데, 이는 오랜 생활습관에서 비롯된 것이었다.

이건희 회장은 사회적 지명도에 상관없이 자신이 알고자 하는 문제에 대한 답을 듣기 위해서라면 대상을 가리지 않았다. 특히 자주 출입하는 골동품상들에게 시중의 사정과 골동품 지식을 얻는 경우가 많았다.

그런 가운데 그는 조선의 백자, 잘 알려진 대로 조선 초 청화백자에 남다른 관심을 보였다. 일본에서는 흔히 '고소메(古染付)'라고 불리는 15~16세기의 청화백자는 현재 남아 있는 수가 그다지 많지 않다. 그 희귀성 때문에 수집가들의 관심을 크게 불러모으고 있지만, 학술적으로도 이견이 많아서 도자기 전공 학자들도 어렵게 여기는 분야로 알려져 있다.

국보 제219호로 지정되어 있는 〈청화백자매죽문호〉의 경우가 그러한 예에 속한다. 지금은 당당하게 국보로 지정되어 그만큼의 대접을 받고 있지만, 이건희 회장의 수중에 들어올 당시의 사정은 그렇지 못했다. 전문가들도 확단을 못해 이견이 속출하거나 극단적인 평가를 내려 일반인들을 어리둥절하게 하는 경우가 허다한데, 이 국보가 세상에 나왔을 때 전문가들은 반신반의했다. 일부에서는 가짜라는 이야기가 돌기도 했다. 물건이 너무 좋을 경우 가짜로 매도당하는 경우가 가끔 있다. 당하는 사람 입장에서는 속이 뒤집힐 이야기지만, 전후사정을 듣지 않고 물건만을 보게 되는 경우 전문가들도 진짜와 가짜 사이에서 오락가락, 제대로 된 판정을 내리지 못하는 경우가 있었다.

그런 흐름 속에 이 항아리가 출현한 것이다. 우리나라의 경우, 골동품의 내력이 밝혀진 채 매물로 나오는 예는 거의 없다. 이력을 추적하다 보면 법에 저촉되는 일도 많고, 또 세금 폭탄을 맞을까 꺼려해서 출처를 숨기기도 한다. 그러다 보면 내력은 미궁 속으로 숨어버리기 마련이다. 이 항아리 역시 분명한 출처가 밝혀지지 않은 채 세상에 알려졌다.

항아리로는 꽤 큰 편에 속하는 높이 41센티미터의 조선 초 청화백자 명품이 세상에 나왔는데, 주변에서는 다들 긴가민가하고 있었다. 앞서 말한 대로 전문 학자들이나 골동품상들 사이에서 진위에 대한 시비가 적지 않았다. 만약 진품이 확실하다면 이는 전후 최고·최대의 명품이 안개 속에서 모습을 드러내는 역사적인 순간이었다.

그러나 문제는 의외로 쉽게 풀렸다. 1976년 종로구 관철동 부근의 지하철 공사 현장에서 비슷한 모양의 백자 어깨 부분 파편이 출토된 것이다. 정말 의외의 사건이었다. 왜 이런 곳에서 청화백자 파편이 나왔는지 여전히 의문이다. 심지어 국보로 지정된 이 항아리마저 도굴된 것이 아니냐는 의문이 꼬리를 물기까지 했다. 사건의 추이와는 관계없이 이 항아리의 진위 문제는 그렇게 결론이 났고, 1984년 국보로 지정되었다. 국보 대접을 꽤 늦게 받은 셈이다.

고려가 청록색 주조의 청자시대였던 데 비해 조선왕조는 흰 백자의 시대였다. 잘 알고 있듯이, 백자의 흰 여백은 우리 민족의 정신세계와 밀접한 관계를 이루고 있다. 종교적으로 청자는 불교에 바탕을 두고 있었던 반면, 백자는 실용을 중시하던 조선의 유학사상과 맞닿아 있었다. 중국도 송나라 때에는 청자가 크게 유행했고, 이후 원나라–명나라로 이어지면서 백자를 더 선호했다. 조선 또한 그 영향을 받지 않을 수 없었다.

조선백자에는 중국의 백자 기술과 왕실의 전폭적인 지원, 그리고 조선의 새로운 건국이념이 서로 융합되어 있다. 백자는 도자기 제작 기술상으로 가장 완성된 최고의 단계에 도달해 있어서, 특히 결이 고운 백토와 얇게 비치는 유약 그리고 1,300도를 넘는 고온의 소성燒成(굽기)으로 만들어진다. 백자는 채색이나 장식 기법에 따라 순백자, 청화백자, 철화백자, 진사백자, 기타 잡유 등으로 구분된다.

그중 청화백자는 같은 무게의 금값을 훌쩍 뛰어넘는 아랍산 특급의 푸른 안료(코발트)를 써서 만든 최상급 백자로, 이 부류는 원래 서아시아에 근원을 두고 있는 청화 채색 기법을 중국에서 수출용으로 새롭게 개발해 크게 히트를 친 제품이다. 명나라 이후 청화백자는 세계 도자기계의 총아로 데뷔해 주류를 이루게 된다. 지금도 서양식 메뉴를 소화하는 데에 청화 그림이 들어간 도자기 이상이 없다는 인식이 서양 사람들의 뇌리를 점하고 있을 정도이다.

그러나 조선에서는 무늬나 색을 넣지 않은 흰 바탕의 순백자를 으뜸으로 쳤다. 그래서 왕은 순백자 기물을, 왕세자는 청화백자를 사용하도록 의궤에 정해져 있었다.

국보 제219호 〈청화백자매죽문호〉는 중국의 청화백자가 조선에 도입되어 새롭게 발전해온 과정을 잘 보여주고 있다. 이 국보 청화백자는 백자 중에서도 제일 크고, 그려진 무늬도 매우 회화적이어서 압권에 속하는 명품이다.

소림명월도

단원 불세출의 명작

작은 그림이 아름답다. 작품이 크면 일단 그 위용에 놀라기 마련이지만, 그저 크다고 해서 감동의 파장이 함께 커지지는 않는다. 작은 그림은 일단 그리는 일이 까다로워 아름답다. 작은 화폭에 작가의 세계를 오롯이 그려내는 일이 얼마나 진을 빼는 일인지, 화가들은 잘 알고 있으리라.

내밀이란 그런 것이다. 그림이 커지면 허풍과 과장, 반복이 많아지고, 밀도는 떨어진다. 그러나 작은 그림에는 허황된 공백이 사라지고 의미와 파장이 가득 찬다. 작은 그림으로 유명한 파울 클레Paul Klee(1879~1940)나 장욱진의 작품들을 봐도 그렇다. 그 작은 화폭에 숨겨진 이야기들은 곱씹으면 곱씹을수록 새롭고, 감동은 볼수록 커진다.

단원 김홍도檀園 金弘道(1745~?)가 그린 편화片畵들을 모아 담은 《절세보첩》(보물 제782호 《김홍도필 병진년화첩》)은 그 이름처럼 절세의 작품들을 함께 볼 수 있는 보물 화첩이다. 각 그림의 크기는 가로 36.6센티미터, 세로 26.7센티미터로 전부 스무 장이다. 그중 백미가 여덟 번째 작품 〈소림명월도疏林明月圖〉이다.

《절세보첩》은 두 권으로 나뉘어 표구되었지만, 한 갑에 보관되고 있다. 한지에 먹과 엷은 채색을 써서 그려진 화첩의 그림들은 스무 면 모두 한지 두 장을 이어붙여 반이 접히도록 그려졌다.

화첩은 다음과 같이 구성되어 있다. 제1폭은 실경산수화로, 단양8경 중 하나인 옥순봉玉筍峯을 그린 것이다. 이 그림에는 단원이 직접 쓴 낙관이 있는데, 그림의 왼쪽 상단에 상하로 '병진춘사丙辰春寫(병진년 봄에 그리다)'라고 쓰고, 그 왼편에 다시 '단원'이라는 눈에 익은 아호를 넣었으며, 그 아래에 '홍도弘道'와 '사능士能'이라는 두 개의 도장을 얌전하게 찍었다. 깔끔한 성격의 단원이 직접 마무리했음을 그대로 보여주고 있다. 단원이라는 낙관의 필체 역시 단아하고 품위가 넘쳐 그림의 분위기와 잘 어우러진다.

이어지는 제2폭은 산봉우리, 제3폭은 산과 사람, 제4폭은 호수, 제5~7폭은 산수와 사람, 제8폭이 바로 〈소림명월도〉이다. 제9~11폭은 풍속화, 제12~20폭은 여러 종류의 화조 그림이다.

굳이 이 〈소림명월도〉를 소개하고자 한 것은 다른 열아홉 폭의 그림들과는 사뭇 다른 분위기 때문이다. 병진년(1796) 봄에 그렸다고 하는데, 실제

절세보첩·보물 제782호
김홍도 | 조선시대 | 종이에 수묵담채 | 2첩 20면 | 각 26.7×36.6cm | 삼성미술관-리움 소장

옥순봉도
제1폭

사인암도
제2폭

도담삼봉도
제3폭

산수도
제4폭

도선도
제5폭

조어산수도
제6폭

도교도
제7폭

소림명월도
제8폭

기우도강도
제9폭

섭우도
제10폭

경작도
제11폭

백로횡답도
제12폭

계변수금도
제13폭

계류유압도
제14폭

백로도
제15폭

추림쌍치도
제16폭

유조도
제17폭

호취도
제18폭

춘작보희도
제19폭

화조도
제20폭

그림은 봄 풍경이라기보다는 늦가을이나 아주 이른 봄의 나무처럼 잎이 거의 남아 있지 않은 모습을 담고 있다. 따라서 실제 경치를 그린 사경화寫景畵라기보다는 화가 자신의 마음을 담은 사의화寫意畵라고 해야 할 듯하다. 화가 자신의 마음속 풍경을 그려낸 애정 어린 작품이기에 이 화첩에 '소림명월도'라는 별명을 지어주었던 것이라 추측할 수 있다.

'소림'은 잎사귀가 모두 떨어진 마른 숲을 뜻한다. '밀림'의 반대말이다. '명월'은 이른 봄의 보름달을 일컫는 명칭일 것이며, 특별히 어느 날을 지목하지는 않았으나 그 무렵 벼슬에서 밀려난 단원의 쓸쓸한 심경이 달빛 경치와 잘 맞아떨어졌으리라 여겨진다.

김홍도는 정조대왕의 배려로 연풍현감으로 제수되었지만, 타고난 예인으로 행정가는 아니었다. 연풍현에는 단양8경과 월악산이 있어서 예인의 끼를 억누르기가 쉽지 않았을 것이다. 그러던 중 오십이 다 되어가는 임기 말년에 현감 자리에서 파직을 당하여 자연인의 몸이 되었고, 이 화첩을 통해 자신이 머물렀던 연풍현 부근의 실경(도담삼봉, 사인암, 옥순봉 등)을 시골생활에서 만난 인물들과 함께 묘사해낸 것이다.

그런 풍경들과 함께 실려 있다 보니 한편으로 〈소림명월도〉는 대단히 썰렁한 그림처럼 보인다. 그러나 자세히 들여다보면 볼수록 이야기가 더해지는 그림이다. 중앙에 강점을 둔 구도는 수직으로 그어내린 나무의 굵은 줄기들을 통해 잘 드러난다. 그 수직 줄기들을 중점으로 뒤편에 둥근 달을 과감하게 배치했다. 참으로 자신감이 넘치는 구도가 아닌가. 아마도 단원은 뼈다귀처럼 남아 있는 삐죽한 가지들과 성근 나무숲을 보면서 '벼슬무상, 인생허망'을 읊었으리라.

중앙의 굵은 나뭇가지는 강한 필선으로 자신 있게 죽죽 내리그었으며,

물 섞인 먹으로 농담을 조절해 원근감을 표현하면서 나무숲 전체의 입체감을 살려냈다. 붓질 몇 번 슥슥 한 것 같은데도 소림의 스산한 분위기가 깔끔하게 전달된다.

둥근 달무리의 원형을 살리기 위해 달은 나뭇가지 사이로 배치했다. 덕분에 숲은 깊이감이 더해지며 숲 뒤로 이어지는 무한한 공간의 출발점이 신비롭기까지 하다. 얼핏 근경만 그린 것 같지만, 사실 가까운 곳에서부터 서서히 멀어져가며 무한 지점까지 들여다볼 수 있게 붓질을 해 깊이는 물론 공간이 점점 넓어지는 것 같은 확장의 느낌을 받는다.

달그림자 아래로는 짙은 안개를 더해 역시 공간의 깊이를 효과적으로 연출해낸다. 붓질은 여기서 멈추지 않고 옅은 먹으로 물기 어린 흙과 떨어진 나뭇잎을 묘사하며 섬세하게 여백을 채워낸다. 여백이 무한에서 무한으로 이어지는 것만 같다. 오른편 아래에 배치한 낮은 나무들은 중심과 대치를 이루며, 그 사이를 잔잔히 흐르는 개울은 얼핏 잔잔한 시냇물 소리까지 들리는 듯 생동감이 있다. 어디 하나 지루한 구석이 없이 여백과 공간을 메워나가는 것이다.

수묵화는 선의 예술이자 선의 각축장이다. 선을 얼마나 잘 긋느냐에 따라 그림의 품격이 달라지니, 화가의 능력이 뻔히 보이는 셈이다. 때문에 선에서 선으로 이어지는 이 그림은 단원 김홍도가 얼마나 선에 능숙한 화가인지를 잘 보여준다.

《절세보첩》은 그가 벼슬을 지내며 잠재워야 했던 예인의 끼를 가감없이 담아낸 찬란한 그림이다. 노년의 단원이 '벼슬과 출세'라는 굴레에서 벗어나 '인생'이라는 숙명으로부터 서서히 자유로워져가는 과정을 오직 선과 여백만으로 참으로 담대하고 자신감 있게 그려내고 있다.

이 화첩이 200년이라는 긴 시간 동안 그 빛을 잃지 않고 잘 견뎌온 데에는 눈 밝은 몇 사람의 공이 있었다. 특히 구한말의 화가이자 감식가였던 구룡산인 김용진九龍山人 金容鎭(1878~1968)의 덕이 크다. 구룡산인은 서예, 전각, 동양화를 두루 섭렵했으며 특히 고서화에 대한 감식안이 높기로 유명했다. 그는 이 화첩 속 스무 점의 작품 모두에 '김용진가진장金容鎭家眞藏'이라는 소장자 도장을 찍었다. 어떤 사연을 거쳐 그의 손에 이 화첩이 들어갔는지는 아직 밝혀지지 않았지만, 옛 그림에 눈과 귀가 밝았던 그가 소장했기에 결과적으로 단원의 불세출의 명작이 살아남을 수 있었다.

'절세보첩絶世寶帖'이라는 이름은 화첩의 표지를 표구 처리하면서 붙인 이름이다. 절세의 작품이 담긴 화보 첩이라는 뜻이다. 절세의 미인이 그러하듯 이《절세보첩》역시 다른 경쟁작이 있을 수 없는 명작, 아니 명품이다. 다만 단원의 손에서 이 작품이 어떻게 다른 이들에게 전래되었는지, 그 과정이 불분명하다는 점은 아쉬움으로 남는다.

그리고 또 한 가지 아쉬움은, 화폭마다 찍혀 있는 소장자 도장의 부조화이다. 그림이 온몸으로 뿜어내고 있는 고고하면서도 단아한 분위기에, 도무지 그림과는 어울리지 않는 위치에 찍힌 소장자의 도장이 감상을 방해한다. 옛 그림에 혜안이 밝았던 김용진이 도대체 무슨 생각으로 도장을 찍었는지, 전해지는 바 없으므로 그저 한 가지 흠으로 남겨둘 수밖에 없다. 그러나 이 작품이 단원의 불세출의 명작이며 리움컬렉션의 가장 빛나는 보물임은 흠결 없는 사실이다.

분청사기철화어문호

자유와 해학의 극치, 분청사기의 대표작

우리 도자기를 사람에 비유한다면 청자는 귀족, 백자는 선비, 그리고 분청은 서민에 비길 수 있다. 청자는 고려시대를 대표하고, 백자와 분청은 조선시대를 아우르는 도자기이지만, 성격이나 지향하는 바는 서로 다르다.

최근의 연구에 의하면, 고려청자는 신라 말 발전된 도자 기술에 중국 청자의 영향이 가미되어 우리 식의 청자로 발전되어 완성되었다고 한다. 그렇게 한 시대를 풍미했지만, 청자에서는 서민적인 면모를 찾아보기 어렵다. 이는 당시 도자기를 소비한 주요 계층과 관련이 있는데, 청자는 주로 왕실이나 귀족 혹은 승려 계급에서 사용되었고, 옹기나 토기 그릇은 주로 일반 서민들에게 사용되었다.

조선이 고려의 전통을 일부 계승하면서, 고려청자는 조선 초기까지 계속해서 사용되었다. 그러나 새 시대 지배 계층의 취향과는 잘 맞지 않아서 결국 백자가 나타나 조선의 중심 도자기로 대체되었다. 백자 역시 후기에 가서 일반화되기 전에는 주로 왕실이나 양반 계층의 전유물이었는데, 그 중간에 나타난 것이 분청사기다. 분청사기는 청자의 후예로서 그 전통을 이어가다가 점차 조선적인 성격으로 변모했다. 1400년 무렵부터 1600년 사이 약 200년간 분청사기가 번성했다.

그러나 임진왜란을 분기점으로 점차 쇠퇴하면서 명맥이 끊어지게 된다. 백색 선호라는 사회적인 요구에 의해 백자가 번창하면서 분청사기 수요는 급감해 쇠퇴해버린 것이다. 근대에 들어 플라스틱 용기의 생산으로 도자산업이 붕괴한 것과 같은 현상이다. 물론 이면에는 '도자전쟁'으로 불리기도 했던, 임진왜란 때 많은 도공이 일본으로 잡혀가서 도자산업이 정체된 것도 하나의 원인이 되기는 했지만, 이는 어디까지나 부분적인 이유일 뿐이다.

분청사기는 '분장회청사기粉粧灰靑沙器'를 줄여서 부르던 말이다. 이 용어는 1930년대에 1세대 미술사학자 고유섭高裕燮(1905~1944)이 일본인들이 사용하던 '미시마야키三島燒'라는 용어를 고쳐 붙인 새 호칭이다. 말을 그대로 옮기자면, 청자에 분칠을 한 새 도자기라는 의미를 부여한 것이다. 최근에는 '사기'라는 표현에 이의를 제기하며 '분청자기'라고 하자는 의견도 있지만, 그렇다고 해서 대상이나 기법이 달라지는 것은 아니다.

분청사기철화어문호 · 보물 제787호
조선시대 | 높이 27.7cm 입지름 15cm 밑지름 9.8cm | 삼성미술관-리움 소장

분청사기는 청자나 백자와는 달리 도자기의 표면을 자유자재로 변형시켜 새로운 무늬나 기형을 만듦으로써 일반의 수요에 부응했다. 태토 역시 크게 달랐으며, 과거 청자나 백자에서 찾아볼 수 없었던 자유분방하고 실용에 부응하는 형태와 다양한 분장 기법, 그리고 대담한 생략과 변형을 통해 재구성한 과감한 문양 등 완전히 새로운 모습의 도자기가 탄생되었다.

고려청자의 특징적인 매병은 허리가 가늘어지는 불안한 모습으로 바뀌고, 상감 문양이 반복적으로 찍히다가 차츰 스탬프처럼 찍는 인화 수법으로 발전했다. 청자의 여운으로부터 벗어나 귀얄(풀이나 옻을 칠할 때 쓰는 솔) 등을 사용해서 표면에 흰색을 입히는 경향으로 변화했는데, 그것이 바로 귀얄분청 혹은 덤벙분청으로 한동안 대세를 이루었다.

보물 제787호 〈분청사기철화어문호〉는 분청사기 중 최고의 분청사기이다. 이 항아리는 분청사기에 등장하는 모든 시문施文 기법, 즉 인화, 상감, 조화, 박지, 귀얄, 철화 등이 전부 호화롭게 골고루 망라된 유일한 예로 특급 명품이다. 계통으로는 그릇 전체에 백분을 짙게 칠하고 흑색의 철화 문양을 올리는 계룡산분청에 속한다. 깨진 것을 복원했다는 결함을 제한다면 단연 국보급이다. 국보 중에도 깨진 것이 더러 있기 때문에 국보로 승격되었으면 하는 바람이 크다.

이 항아리는 참으로 우연히 세상의 빛을 보게 되었다. 1970년 무렵 대전의 골동품가게에서 도자기에 대해 공부하기 시작한 초짜 중개인이 우연한 기회에 물고기가 그려진 도자기 파편을 입수하게 되었다. 전체를 맞추어보니 일부 파손된 부위를 제하고는 그럴 듯한 물건이 되었다.

높이 27.7센티미터, 입지름 15센티미터, 밑지름 9.8센티미터로 어깨가

풍만하고 몸통에 비해 아가리가 넓고 밖으로 벌어진 항아리이다. 밑굽은 아가리에 비해 좁아 다소 불안정해 보이지만, 몸통의 아랫부분에 펼쳐진 꽃잎이 받쳐주고 있어 시각적으로는 그다지 부자연스럽지 않다. 벌어진 어깨 부위 형태 때문에 몸통의 위쪽에 무게중심이 있으며, 아래로 내려가면서 다시 좁아져 아담한 밑굽이 몸을 받치고 있다.

어깨 부위에는 넝쿨무늬를, 굽다리에는 연꽃 모양의 꽃잎을 장식하고, 몸통 전체를 돌아가며 커다란 물고기 두 마리와 그 사이에 연꽃을 장식적으로 배치하였다. 표면을 파내고 그 안에 진하게 발라 채운 백분 위로 검은 철사 안료를 써서 풀무늬와 연꽃잎을 그려넣었다. 그리고 회청색의 밝은 유약이 전면에 발려져 있어, 표면은 흰 바탕임에도 푸른 기를 보인다.

이 작품을 돋보이게 만드는 것은 무엇보다 몸통 전체를 돌아가며 장식된 물고기 문양이다. 물고기는 백토를 감입해 넣고 바탕을 긁어낸 후, 지느러미는 철채, 형태의 외곽선은 백상감, 비늘은 인화 기법 등 다양하고 자유로운 표현 방법으로 섬세하게 묘사하고 있다. 물고기는 다산의 상징이자, 한자 읽기에 따라 이로움이나 출세 등 여러 뜻을 함축하고 있어 분청 장식에 자주 사용되었다. 특히 계룡산분청에는 특이하게 생긴 물고기 문양(궐어 闕魚)이 즐겨 그려졌는데, 대궐에 들어간다는 의미를 담은 이 항아리에 그려진 물고기 문양은 다른 어떤 예보다도 훨씬 세련되고 격이 높다.

다양한 장식 기법을 구사해 사실적으로 대상을 묘사하려 했다는 점은 명품의 바탕이 된다고 할 수 있다. 처음 수습한 지점이 계룡산에 가까운 신탄진역 근처의 매포라는 곳이어서, 계룡산분청의 중심 생산지에서 제작되었다는 심증을 뒷받침해준다. 충남 공주군 반포면 학봉리나 온천리 가마에서 제작되었을 가능성이 높은 것으로 추정된다.

나는 분청사기야말로 우리 민족이 갖고 있는 미적 가치관인 자유로움, 익살과 해학, 다양한 변형과 실험 등을 가장 잘 보여주는 도자기라고 평하고 싶다. 도자사학자 최순우는 분청사기의 매력을 다음과 같이 말하고 있다.

"우리 도자기 중에서도 한국적인 아름다움이 가장 신선하게 성공적으로 표현된 것은 조선시대 초기의 분청사기 종류라고 할 수 있다. (……) 때로는 지지리 못생긴 듯싶으면서도 바로 보면 비길 곳이 없는 태연하고도 자연스러운 둥근 맛, 그리고 때로는 무지한 듯하면서도 양식이 은근하게 숨을 쉬고 있는 신선한 매력, 그 속에서 우리는 늘 이 분청사기가 지니는 잘생긴 얼굴을 바라보는 것이다."

우리 미술의 저력은 역동적인 자유로움과 기발한 해학 그리고 예상할 수 없는 변형과 줄기찬 실험의 노력으로 압축될 수 있다. 그런 면모를 가장 잘 드러내 보여주는 분야가 바로 분청사기이고, 이 항아리는 그 대표격인 존재이다.

동자견려도

찰나의 순간을 영원으로, 조선회화의 걸작

사람의 눈은 찰나에 민감하다. 언젠가 우유 광고에 물방울 튀는 모양을 응용한 장면이 나와 세상의 이목을 끌었다. 이 장면은 육안으로 볼 수 없는 찰나의 순간을 고속 카메라로 찍어 구성한 것인데, '물방울이 튈 때 저런 모양이 되는구나' 하는 발상으로 사람들의 관심을 집중시킨 것이다.

보물 제783호 〈동자견려도童子牽驢圖〉는 찰나의 순간을 영원으로 승화시킨 조선 회화의 걸작이다. 조선시대의 우유 광고 같다고나 할까. 조선 화단에 '이런 장면도 그림이 될 수 있구나' 하는 발상의 전환을 예시하며 한 획을 그어낸 작품으로 높은 평가를 받고 있다.

이 작품을 그린 양송당 김시養松堂 金禔(1524~1593)는 조선 중기의 선비화가로 예인을 많이 낸 집안 출신이다. 좌의정을 지낸 김안로의 아들인데, 김안로가 역적으로 몰려 처형되면서 출셋길이 막혀버렸다. 글씨의 한석봉,

문학의 최립과 함께 삼절로 알려져 있다. 아쉽게도 남아 있는 작품이 그리 많지 않아 그의 회화세계를 자세히 알기는 어렵다.

미국 클리블랜드미술관에 양송당 김시의 작품 〈한림제설도寒林霽雪圖〉 한 점이 남아 있다. 눈 덮인 산하를 절파浙派 화풍의 수법으로 담담하게 그려낸 이 작품은, 화면 왼쪽에 그림의 내력까지 적혀 있다. 내용을 보면, "갑신년(1584) 가을에 양송거사(화가 본인)가 안사확安士確을 위하여 한림제설도를 그리다"라고 명기되어 있는데, 옛 그림으로는 드물게 작품의 이름과 누구에게 그려준 작품인지가 표기된 특이한 사례에 속한다. 이 작품은 화본畵本의 격식을 그대로 지켜낸 그림으로, 원경에서 근경에 이르는 경치의 구성이나 세부 묘사 처리에 있어 원칙을 지키면서도 분위기는 당시 유행하던 화풍을 잘 보여주고 있다.

15세기 중국 명나라의 대진戴進(1388~1462)에 의해 시작된 절파 화풍은 마하파馬夏派 양식을 받아들여 새롭게 이루어낸 화풍으로, 우리나라에도 많은 영향을 주었다. 마하파는 주로 널찍한 붓 자국을 거침없이 써서 대상의 질감을 표현하는 수법을 사용하면서, 농담의 강한 대조나 공간에 깊이를 부여하는 방법 혹은 인물에 비중을 두어 강조하는 기법 등으로 이전과는 다른 독창적인 절파 화풍으로 성장했다.

조선에 이르러 절파 화풍은 인재 강희안仁齋 姜希顔(1417~1464)의 〈고사

관수도高士觀水圖〉에서 찾아볼 수 있다. 소경인물화小景人物畫 계통으로 분류할 수 있는 이 그림에서 강희안은 전형적인 절파 수법을 활용해 작은 화면 속에 팽팽한 긴장감을 부여하는 데 성공하고 있다.

16세기경에 절파 화풍은 크게 유행했는데 그 대표적인 화가가 김시다. 다른 화가들에게도 많은 영향을 끼쳤는데, 연담 김명국蓮潭 金命國의 〈설중귀려도雪中歸驢圖〉나 함윤덕咸允德의 〈기려도騎驢圖〉 등에서 절파 혹은 광태사학파狂態邪學派의 영향을 확인할 수 있다.

〈동자견려도〉는 가로 46센티미터, 세로 111센티미터로 아래위로 긴 족자 그림이다. 비단 바탕에 진채眞彩(광물성 안료)를 써서 그린 작품으로, 기본은 산수도지만 핵심은 동자와 나귀 간의 실랑이를 다룬 인물산수화이다. 이 그림이 나의 관심을 끌게 된 데는 몇 가지 이유가 있다. 그림의 원 소유자를 알고 있다는 사실이 그 하나이지만, 옛 그림 보존의 어려움도 큰 이유였다.

한때 나는 중앙일보 논설위원실에 자주 드나들었다. 그 무렵은 이건희 회장이 일선에 나서기 전 중앙일보와 동양방송의 이사로 재직하던 시절인데, 논설위원실에 있던 이종복 위원이 그를 보좌하며 호암미술관 업무에 간접적으로 관여하고 있었기 때문이다. 이종복은 한양대 교수 출신으로 글재주가 뛰어나고 사람을 끌어모으는 특출한 재주가 있었다. 개인적으로는 윤보선 대통령 집안과 가깝고 문화계 인사들과도 교분이 두터웠다. 골동품계에 입문한 경위는 잘 알 수 없지만, 박병래의 수집품을 국립박물관에 기증하는 일을 깔끔하게 마무리하기도 했다.

이종복 위원으로부터 〈동자견려도〉를 인수하기로 확정되었다는 통보를 받고서, 그림을 정리하기 위해 펼쳐보았을 때의 벅찬 감동은 지금도 잊혀지지 않는다. 당시 나는 아직 젊어 우리 미술에 대한 체계가 별로 잡혀 있지 않았지만, 그림이 주는 생생한 감동은 그와는 다른 문제였다.

아래로 긴 내리닫이 족자 그림은 위에서 아래로 내려가며 그림이 나타나기 때문에, 전체 그림을 한눈으로 보기까지는 감동이 쉽게 일어나지 않는다. 그러나 이 그림의 경우는 달랐다. 고운 비단 바탕에 진한 채색이 되어 있는데, 색채가 주는 마력을 그때처럼 강하게 느낀 적은 이후에는 없었다. 철모르는 아이들이 보물섬을 발견했을 때의 감동이랄까. 당시 진채가 준 감동은 지금까지도 나의 뇌리 속에 또렷이 남아 있다.

언젠가 이 그림을 진열장에 전시된 상태로 다시 대면했는데, 예전에 보았던 그 색이 아니어서 깜짝 놀랐다. 오랜 전시로 변색된 것인지 아니면 색이 가라앉은 것인지 분간하기 어려웠지만, 옛날 내가 처음 펼쳐보며 감동에 떨었던 그 색이 아님은 분명했다. 눈은 예리하다. 같은 색이라도 퇴색된 것과 원색이 다름을 알아채기 마련이다. 나는 처음 대했던 그때의 색이 지금도 그립다.

이 그림에는 제목이 따로 붙어 있지 않았다. '동자견려도'라는 보물의 명칭이 공식 제목이 되었지만, 원래는 이름이 없던 작품이다. 그림 위쪽에 남겨진 '양송'이라는 두 글자도 그림의 부분처럼 숨기듯이 적혀 있다. 선비들이 화가로 알려지기를 꺼려했던 당시 사회의 분위기상 김시가 이름 내기를 원하지 않았을 수도 있고, 오른편 빈 곳에 호를 써넣었을 때 그림 전체의 느낌이 달라질 것에 대한 걱정으로 화가가 부러 낙관을 그림 속에 숨겼을 수도 있다.

그림은 크게 두 부분으로 구성되어 있는데, 쓰러지듯 배치된 산과 고목이 그 하나요, 개울을 사이에 두고 동자와 나귀 사이에 벌어지고 있는 실랑이가 다른 하나이다. 왼쪽에서 오른쪽 아래로 쏟아져 내리게 배치된 암봉은 절파 화풍이 추구하는 긴장감 표현의 대표적인 구도이며, 그 아래로 늙은 소나무가 바위를 떠받치듯 대각선으로 그려져 있다. 소나무의 가지는 지그재그로 실제 나무와는 다르게 묘사되어 있는데, 이 역시 당시 화풍의 반영이다.

꺾어지듯 이어지는 나뭇가지와 그 뒤로 작은 나뭇가지가 게 발톱 모양으로 묘사되면서 긴장감을 형성하고 있다. 그와 대조를 이루며 소년이 나귀의 고삐를 죽어라 잡아당기고 있다. 나귀는 원래 물을 겁내기 때문에 개울을 건너지 않으려고 용을 쓰고 있는데, 화가는 이를 절묘하게 잡아내어 인물산수화의 맛을 한껏 살려내고 있다. 누구나 볼 수 있고 보는 장면이지만 조선시대에 이런 장면을 해학 넘치게 잡아낸 화가의 예리한 감성과 매끄러운 표현은 두고두고 감동으로 남는다.

적어도 이 그림은 우리 식의 해학을 가장 자연스럽게 표현하는 데 성공했다는 점에서 우리 미술의 대표작 가운데 하나로 꼽을 만하다는 것이 나의 생각이다. 우유 광고에서 보는 찰나의 긴장감이 조선시대에는 이런 식의 재기 넘치는 해학으로 표현되었다는 사실이 참으로 흥미롭다.

청화백자죽문각병

엉겁결에 건진 백자 명품

미술품 취향도 시대에 따라 크게 달라진다. 10여 년 전만 해도 미술시장에서는 동양화(한국화)의 인기가 상당히 높은 편이었는데, 최근 경향이 크게 바뀌어 서양화가 그 자리를 차지하고 있다. 동양화의 가격이 급락하고 화가 수도 크게 줄어드는 것은 어쩔 수 없는 추세 탓이라고 해도 걱정스러운 현상이다. 문제는 이런 추세가 당분간 이어질 가능성이 높다는 것이다. 우리 국민의 50~60퍼센트가 아파트 생활을 선호하고 있는데, 아파트 공간에는 서양화가 더 잘 어울리기도 하고, 또 세계적인 추세가 서양화 값을 계속 올리고 있기 때문이다.

국보 제258호〈청화백자죽문각병〉도 가치를 제대로 인정받지 못하던 때가 있었다. 1935년경의 일이다. 당시는 일본인이 설치던 때라서 백자는 인기가 별로 없었다. 상대적으로 청자에 대한 관심과 기호가 커서 일본인들은 고려청자를 독식하며 백자의 여러 배 값을 주고 거래를 주도했다. 당시 기와집 한 채 값이면 좋은 백자를 얼마든지 구입할 수 있었는데, 좋은 청자는 보통 그 다섯 배 이상을 치러야 했다.

금속유물에 밝았던 차명호가 어느 날 시청 앞에 있던 골동품가게 우고당에서 진열품을 둘러보고 있었다. 거기서 그는 특이한 백자 병 하나를 발견하고 주인 김수명에게 관심을 보였다. 보기에 대나무 문양이 특이하고, 모깎기를 한 각병의 모양도 마음에 들고, 크기 또한 대단해서 사기로 결심한다. 가격 흥정에 들어가자 주인은 당시로서는 꽤 높은 값인 1천 원을 불렀다. 일부 수리가 되었기에 어정쩡한 값을 부른 셈이지만, 차명호에게는 그만한 돈이 없었다. 김수명은 차명호에게 세상이 바뀌면 나라의 보물이 될지도 모를 병이라고 토를 달았고, 그의 예감은 적중했다.

이후 이 병은 마땅한 정처 없이 임자를 찾아 여기저기 떠돌다가 훗날 삼성에 인수되었다가, 1991년 1월 25일 국보 제258호로 지정받았다. 그야말로 엉겁결에 건진 보물이라고 할 수 있다. 당시 유행하던 청자 값의 몇 분지 일도 안 되는 값에 인수한 병이 국보로 승격되었으니, 참 세상사 모를 일이다.

이 백자는 드물게 8각으로 전면 모깎기를 한 병이다. 크기도 대단해 높

청화백자죽문각병 · 국보 제258호

조선시대 | 높이 40.6cm 입지름 7.6m 밑지름 11.5cm | 삼성미술관-리움 소장

이는 40.6센티미터에 이르고 입지름은 7.6센티미터, 밑지름이 11.5센티미터나 된다. 가마에 넣기 전 높이는 적어도 60센티미터 정도는 되었을 테니 대단한 크기인 셈이다. 왕실의 제사에 쓰이는 술병처럼 특별한 용도로 제작하기 전에는 이런 큰 병을 만들기가 쉽지 않다.

뽀얀 우윳빛이 도는 흰색 바탕에 푸른색으로 대나무를 두 군데 그려넣었는데, 한쪽에는 두 가지의 일반 대나무이고, 다른 쪽에는 가지 하나에 바람을 담은 풍죽으로 간결하고 깔끔하게 그렸다. 몸통의 양쪽에 서로 다른 대나무를 그려 변화를 주고 있다. 대나무 아래쪽에 한 줄의 지평선을 그어 흙 위로 대나무가 솟아 있음을 나타냈다. 그림의 화격으로 보아 예사 솜씨가 아니다. 실력 있는 화원이나 문인화가의 작품 정도로 추정된다. 그림의 어디를 보아도 군더더기가 전혀 없는, 깔끔한 선비 취향의 대나무 그림을 완성해 한 폭의 문인화를 보는 듯하다.

흰색 바탕 위에 발려진 유약은 담청색을 머금은 백자유로 곱게 시유하여 광택이 은은하게 남아 있다. 굽다리에는 모래받침을 하고 구워낸 흔적이 남아 있고, 측면에 우물 정# 자가 음각되어 있다.

몸통 전면을 단숨에 훑어내린 모깎기 수법으로 성형을 하였으며, 팔각으로 몸통을 형성하되 목은 보통보다 길게 시원하게 뽑고 입술은 도톰하게 말아 마무리했다. 어깨 아래로 몸통이 벌어져 둥그스름한 몸체를 이루고 있으며, 넓고도 높다란 굽다리를 갖춘 대병大瓶이다.

각병은 조선 중기에 유행했던 기형의 하나이며, 맑은 청색의 청화 그림이나 우윳빛 바탕으로 보건대, 이 병은 18세기 전반 경기도 광주 금사리金寺里 가마에서 제작된 것으로 보인다. 각병이나 모깎기 항아리 등이 이 시대에 많이 제작·생산되었으나 이 병처럼 거대한 몸집과 풍취 넘치는 문양을 갖고 있는 작품은 유례를 찾아보기 어렵다. 금사리 가마가 있던 광주 지역은 한강을 끼고 있고 한양에 가까우며 울창한 산림이 있어 도자산업의 입지로는 최적의 위치로 조선시대 전반을 통해 백자 생산을 도맡았던 유서 깊은 곳이다.

청화백자는 조선 초 주로 왕실에서 사용되었는데, 청화 안료 조달이 어려워 제작이나 사용에 엄격한 제한이 있었다. 청화는 원자번호 27 코발트 화합물로 푸른색을 띠는 고급 안료로, 도자기에 그림을 그리거나 유리에 채색을 하는 데 사용된다. 아랍 쪽에서 사용되기 시작했는데 중국으로 수입되어 대유행을 했고 거꾸로 유럽과 아랍에 수출하는 특산품으로 발전했다.

원말명초에 유행했던 중국의 청화자기는 자연스럽게 조선에 영향을 주어 조선 특유의 청화백자로 계승, 발전되었다. 청화백자는 잘 정선한 백토로 도자기 형태를 만들고 그 표면에 청화 안료를 사용해 여러 문양을 그린 뒤, 장석유 계통의 투명한 유약을 입혀서 섭씨 1,250도 이상의 고온에서 환원번조한 백자를 말한다. 도자 기술사로나 청화 안료의 조달과 사용 관점에서 볼 때 최고의 도자기로 꼽힌다. 조선시대에는 이들을 청화 화자기 畵瓷器·화사기畵沙器 등의 용어로 불렀으며, 제작에 필요한 안료를 처음에는 중국에서 수입하다가 후대에 가서 수요가 많아지자 국내에서 토청土靑을 개발하였다.

중국에서는 이들을 회청回靑 혹은 회회청이라 불러 아랍 지역에서 전래되었음을 밝히고 있다. 원래 원나라 경덕진 가마에서 생산되어 유럽에 수출하다가, 명나라의 선덕宣德-성화成化 연간에 우수한 청화백자를 양산하였다. 조선에 정확히 언제 수입되었는지는 분명하지 않지만, 명나라 효종의 연호인 홍치弘治 2년(1489, 조선 성종 20년)이라는 명문銘文이 있는 〈청화백자송죽문항아리〉(국보 제176호)가 사찰에서 사용된 것으로 보아 15세기경에 이미 일반화되어 있었음을 알 수 있다.

이때의 청화백자는 중국 명대 청화백자의 문양과 기형이 그대로 반영되었다. 궁의 수요를 책임지는 광주의 관요에는 왕실에서 사용할 도자기를 제조하기 위해 중앙에서 관리를 파견해 가마를 감독하고 생산을 독려했다. 앞에서 소개한 〈청화백자매죽문호〉는 그런 배경에서 태어난 조선식 청화백자 명품이다. 고급 화원이 그릇 전체에 가득 그림을 그려 왕실의 수요에 부응하고자 했던 초기의 걸작이다.

16세기에 들어서면서 중국의 영향은 서서히 사라지고 한국적인 청화백자가 생산되기 시작한다. 경제가 풍족해지고 문화 수준이 급격히 향상되는 17~18세기에 청화백자의 생산이 증가하면서 왕실이 독점했던 도자기 사용에 일반인들이 참여하기 시작한다. 제작이 정교해지면서 감상용 자기 생산이 늘어나고 기물의 종류도 크게 증가하는 추세를 보인다. 특히 문방용구의 증가가 두드러지며 사치 풍조가 늘어난다. 과거 도식화되어 있었던 문양의 종류도 크게 늘어나 화훼, 길상, 초충 등 다양해진다.

무릇 문화는 어느 한 계층에서 독점할 수 없기 때문에 청화백자의 수요와 보급 또한 조선시대 내내 변화와 발전을 통해서 확대되어갔다. 조선 중기 영·정조 시대는 그런 문화 현상이 더욱 폭넓고 깊이 있게 퍼져나간 우리 문화의 르네상스기였다. 늘어나는 부와 인구는 도자 생산 확대의 계기를 마련하였고, 전국 각지에 도자 가마가 우후죽순처럼 생겨났다. 특히 경기도 광주 일대의 백자 가마 집산지는 고려청자의 강진·부안 가마산지 같은 역할을 담당하게 되었고, 금사리·도마리·번천리 등 유명한 가마산지가 알려지게 되었다.

이 〈청화백자죽문각병〉은 이런 배경에서 태어난 조선 중기의 명품 도자기다. 몸통의 전체에 각을 쳐내려 형태에 변화를 주었는데, 이는 전에는 찾아보기 어려웠던 양상으로 사회적인 변모를 담고 있다. 표면에 그려진 대나무 그림의 작법을 보더라도, 담백한 구성에 담담한 필체로 격조를 달리하는 도자 그림의 경지를 보여주고 있다. 그릇의 크기나 병의 모양, 그림의 특이함 등으로 볼 때, 특별한 용도의 기물, 즉 당시로서는 특별한 존재로 치부되던 인물의 제사 기물로 제작, 사용되었을 가능성이 높다.

조선의 청화백자는 중국의 청화와는 다른 멋과 분위기를 풍긴다. 조선의 회화에서 발견할 수 있는 여백의 미 추구 태도가 도자기에서도 자주 발견되는데, 이 백자 각병은 그런 우리 식의 취향이 그대로 발휘된 명품이다.

화조구자도

김일성 컬렉션이 될 뻔한 이암의 그림

'국보 100점 수집 프로젝트'가 활발히 진행되던 1980년대 후반, 일본에서 활동하고 있던 사업가 한 사람이 나를 찾아왔다. 첫눈에도 사업보다는 일본을 상대로 하는 고미술 거간의 냄새가 풍겼다. 나는 일본 쪽 동향에 항상 귀를 열어놓고 있던 터였다. 36년이란 오랜 기간 일제강점기를 겪은 상황에서 우리가 알게 모르게 정말 많은 문화재가 일본으로 흘러들어간 정황 때문이었다. 그때 그 거간에게서 나온 이야기가 참으로 놀라웠다.

일본에 있는 중요한 우리 미술품들이 계속 북한으로 흘러들어가고 있다는 제보였다. 처음에는 단순한 소문 정도로 생각하고 별다른 반응을 보이지 않았더니, 그는 실증자료를 들고 오겠다고 했다. 그때 그가 가져온 것이 조선 초 대나무 그림의 대가 이수문李秀文의《묵죽화첩墨竹畫帖》의 소재에 관한 뒷이야기였다. 그동안 이 화첩의 소재를 추적해온 나로서는 두 눈이 휘둥그레졌다. 희귀한 조선 초의 그림이 일본에 남아 있다는 사실만으로도 매우 민감할 수밖에 없던 차에, 관심을 두어온 《묵죽화첩》의 소재가 확인되었다고 생각하니 제보자인 그가 그저 고마웠다.

그런데 이야기를 더 들어보니, 이 《묵죽화첩》이 '김일성컬렉션'으로 들어갔다는 것이었다. 김일성에 대해 알려진 게 별로 없어 이를 진정한 의미의 컬렉션이라고 할 수 있을지는 모르겠지만, 소문으로만 듣던 김일성컬렉션에 대해 실제로 듣게 되자 그 놀라움은 배가될 수밖에 없었다.

그가 전한 뉴스를 종합해보면, 일본에 남아 있는 우리의 많은 문화재들이 조총련에 의해 북한으로 들어가고 있다는 것이었다. 조총련의 고위 간부나 재일 사업가들이 북한의 환심을 사기 위해 지속적으로 미술품을 상납하고 있다는 소식을 접하고 보니, 우리는 그동안 무얼 하고 있었나 싶었다.

소문으로는 김일성의 수집품은 무엇이 얼마나 있는지 모를 정도로 대단한 보물들이 많다고 하는데, 한편으로 궁금증이 일면서도 다른 한편 표현하기 어려운 적개심이 피어올랐다. 제보를 해준 그에게 여러 차례 고마움을 표시하고, 사정이 여의치 않더라도 나와 함께 일본에 있는 문화재의 환수를 위해 노력해달라고 당부했다.

그때 그가 내민 사진이 바로 이암李巖(1499~?)의 〈화조구자도花鳥狗子圖〉였다. 꽃과 강아지를 그린 그림이다. 매수하고 싶은 욕심이 바로 생겼는데, 문제는 현물이 아니라 사진이라는 데 있었다. 가격도 만만치 않았다. 고서화를 사진만 보고 구입 결정을 내린다는 것은 위험천만한 일이다. 참으로 고민스러웠다.

일본의 미술품 거래 관행은 우리와는 많이 달랐다. 일본은 상업으로 번성한 나라이다. 상업의 기본은 신용이다. 한번 신용을 쌓으면 그것은 사업의 성공을 보장한다고 말해도 좋을 정도로, 일본 사회의 저변에는 '신용'이라는 개념이 중요하게 자리 잡혀 있다. 이건 우리가 배워야 할 점이다.

그 거간은 계약금이라도 우선 만들어주면 자기가 실물을 빌려오겠다고 했다. 고심 끝에 있는 그대로의 사실을 이건희 회장에게 보고했다. 사진만 보고 결정할 수밖에 없지만, 일본에 실물이 있고 계약금을 내야 실물을 빌려볼 수 있다는 사정을 상세히 설명했다. 한참을 듣고 있던 이 회장은 그렇게 하라고 했다. 전후사정을 파악한 뒤에 내리는 이 회장의 결정은 단순 명쾌하고 빨랐다. 여느 사람 같으면 이런저런 말이 많았겠지만, 상호간에 믿음이 있으니 단답형의 문답으로 충분했다.

이때 이암의 그림 두 점을 구입했다. 물론 계약금을 주고 실물을 가져다가 국내의 학자들과 정밀한 감정을 거친 뒤 구입을 확정했다. 훗날 이 그림은 보물 제1392호로 지정되었는데(2003), 결과적으로는 내 노력의 결실이 되었다.

이렇게 해서 일본에 남아 있던 우리 고서화 두 점이 이때 고국으로 건너왔다. 미술사학자 안휘준 교수는 이 그림을 다음과 같이 평했다. "조선 초기의 동물 그림 중에서 청출어람의 경지를 이룬 독보적인 그림으로 꼽을 수 있는 것이다." '청출어람'이란 중국의 그림보다 낫다는 이야기이다.

화조구자도 · 보물 제1392호

이암 | 조선시대 | 종이에 담채 | 86×44.9cm | 삼성미술관-리움 소장

이암은 세종대왕의 넷째아들인 임영대군 이구의 증손으로, 자는 정중靜仲이고 두성령杜城令을 제수받았다. 기록에 의하면 화조와 영모翎毛(새나 짐승) 그림에 능했다고 전해진다. 생애에 대해서는 잘 알려져 있지 않으며, 개 그림에 특출한 장기를 보여서 전해지는 그림은 대부분 개와 강아지를 그린 것들이다. 매 그림도 잘 그려 유작이 남아 있다.

중국 송나라 때 화가 모익毛益의 화법을 배웠다고 하는데, 현재 전하는 그림을 보면 중국 화법과는 거리가 있어 보인다. 오히려 자신의 독자적인 회화세계를 펼쳐나가서 후대의 변상벽卞相璧(고양이 그림), 김식金埴(소 그림)으로 계승되는 한국형 영모화의 선구적인 역할을 했다. 한때 이상좌와 함께 중종대왕의 초상화를 그리는 화가로 승정원에 추천되기도 할 정도로 묘사 실력을 인정받았다.

일본에서 이암의 그림이 여러 점 발견되었는데, 그런 이유로 일본의 화승畵僧으로 잘못 알려진 사례도 있다. 아마 그가 즐겨 사용했던 '완산정중完山靜仲'이라는 낙관 때문에 그런 오해가 생긴 것으로 보인다. '완산'은 그의 본관이고 '정중'은 자이다. 어쨌든 그의 화풍은 실제로 17세기 일본 회화에 많은 영향을 주었다.

알려져 있는 이암의 그림 중 〈모견도母犬圖〉는 국립중앙박물관에 소장되어 있고, 고양이를 함께 그린 〈화조묘구도花鳥猫狗圖〉는 놀랍게도 평양박물관에 소장되어 있다. 아마 앞에서 언급한 경로를 통해 북한으로 들어간 것은 아닌지 추측할 뿐이다. 더불어 미국 필라델피아미술관에도 한 점(〈견도犬圖〉)이 전해지고 있다. 이제 우리도 이암의 그림을 소장할 수 있게 된 것은 만시지탄이지만 다행스러운 일이 아닐 수 없다.

〈화조구자도〉는 따스한 봄날 강아지 세 마리가 서로 어울려 놀고 있는 광경을 섬세하게 묘사하고 있다. 뒤로는 그림의 중심을 잡기 위해 꽃이 피어오른 나무를 배치하고, 아래로는 바위를 놓아 균형을 잡았다. 나무 밑동과 바위에 조선 초기에 유행한 단선점준短線點皴(입체감을 주기 위해 짧고 굵은 점으로 질감을 나타내는 방법)을 구사하여 시대적인 흐름을 보여주고 있다.

핵심이 되는 세 마리의 강아지는 이미 이암의 다른 개 그림에도 등장해 눈에 익은 강아지들이다. 이들은 영모화의 기본이 되는 터럭 묘사가 아니라 번짐 채색으로 형체와 색깔을 나타내 이색적이고 독특하다.

이중 누렁이는 앞발에 얼굴을 올려놓고 단잠에 빠져 있으며, 어미를 닮은 검둥이는 소리에 놀라 눈을 동그랗게 뜨고 오른쪽을 응시하고 있다. 안경테를 두른 듯 표현한 묘사도 특징적이다. 화면 앞에 보이는 흰둥이는 꼬리를 늘인 채 방아깨비를 물고 장난을 치고 있다. 이 장면은 강아지의 생태를 세밀하게 관찰하고 특징적인 동작을 서로 교차되게 묘사하여 한 화면에 담아낸 것으로 볼 수 있다.

뒤쪽에 보이는 나무의 굽은 가지에는 새 두 마리가 앉아서 가지를 향해 날아오는 나비와 벌을 기다리기라도 하듯 바라보고 있다. 동작이 느린 강아지와 빠른 벌·나비를 대비하듯 배치해 화면에 긴장감을 불어넣고 있다.

화면의 오른쪽 상단에 솥 모양의 도장과 '정중'이라는 도장이 찍혀 있다. 종이 위에 맑은 담채로 그려졌으며, 크기는 세로 86센티미터 가로 44.9센티미터이다. 표구 상태는 양호하며 일본식으로 위에 술이 달려 있다. 이건희 회장의 개 사랑 취미와 들어맞아 특별히 더 반겼던 작품이기도 하다.

그러나 여전히 일본에 남아 있는 수많은 우리 문화재를 무슨 방법을 써서라도 환수해야 할 것이다. 그 대표적인 것이 일본 텐리대학〔天理大學〕이 소장하고 있는 현동자 안견玄洞子 安堅의 〈몽유도원도夢遊桃源圖〉이다. 우리나라의 국보급 회화가 일본에서 오랫동안 잠자고 있다는 사실만으로도 국가적인 자존심이 걸린 문제라고 생각한다.

이 불세출의 명작이 우리나라에 두 번씩이나 매물로 나왔다가 다시 일본으로 돌아갔다는 사실을 이미 어지간한 상인들은 모두 알고 있다. 한 번은 값이 비싸다고 해서 돌아갔고, 또 한 번은 종교적인 이유로 거절당해 돌아갔다고 한다.

만약 이건희 회장이 이 사실을 알았더라면 뭐라고 했을지 자못 궁금하다. 나는 잘 알고 있다. 지금이라도 만약 이 일이 진행될 수 있다면, 이는 이건희 회장이 집요하게 추진해온 '국보 100점 수집 프로젝트'의 백미가 될 것이라는 사실을.

지금도 나는 내 주변의 모든 연결망을 통해 〈몽유도원도〉의 환수 가능성을 지속적으로 타진하고 있다. 이 일이 내 생전에 다시 추진될 수 있다면 얼마나 좋을까. 지금도 이 명화는 보고 싶다고 아무 때나 볼 수도 없다. 소장처인 일본 종교단체(천리교) 텐리대학이 아무 때나 내놓지 않기 때문이다. 우리 것을 우리 마음대로 볼 수 없다는 현실에 그저 가슴이 먹먹해진다.

호피장막책가도

세필 민화의 별격

오랫동안 정통회화에 밀려 잊혀진 채로 전해오던 민화가 그림으로 제대로 대접을 받게 된 것은 그리 오래되지 않았지만, 많은 예술가와 외국인들이 우리 민화를 주목했다. 일본인 야나기 무네요시(柳宗悅)를 비롯해 민속학자나 화가, 건축가들이 우리 민화의 개성과 장점에 주목하고 그 멋스러움에 빠져들었다. 운보 김기창의 '바보 산수'나 이왈종의 민화 시리즈는 그런 바탕 위에서 탄생했다.

현 시점에서 볼 때, 민화야말로 한국 미술의 특징을 가장 잘 대변하는 대표적인 분야 가운데 하나이다. 자유로운 발상과 회화적 처리 등이 한국인의 심성을 담고 있다. 익명의 작품 속에 넘치는 해학과 풍자, 자유로운 상상력은 보는 이의 마음을 휘어잡는 그 무엇이 있다.

일상생활 공간을 장식하는 데 주로 활용되는 민화는 과거 궁중장식화와

혼동되어왔다. 최근에 이르러 그 경계가 명확히 구분되고 있기는 하지만, 아직도 이름 없는 그림은 무조건 민화로 치부하는 경향이 있다. 궁중장식화는 엄격한 규범과 작법에 따라 궁중에 소속된 화원에 의해 제작되었다. 따라서 이름만 밝히지 않았을 뿐 프로 화가들의 그림이다. 그에 비해 민화는 보통 아마추어나 이름을 밝히지 않은 화가에 의해 생활공간 장식용이나 풍자용으로 그려졌다.

민화의 종류는 장식되는 장소와 사용되는 용도에 따라 세분된다. 화목에 따라 나눠보면 화조영모도, 어해도, 호작도, 십장생도, 산수도, 풍속도, 고사도, 문자도, 책가도(책거리 그림), 무속도 등으로 구분된다.

꽃과 함께 사이좋게 노니는 한 쌍의 새를 소재로 한 '화조도'는 주로 병풍으로 꾸며져 신혼부부의 신방이나 부녀자들이 주로 활동하는 안방에 장식되었다. 주로 매화, 동백, 진달래, 개나리 등의 화초와 오동, 솔, 버들 등의 나무에 사슴, 토끼, 말 등의 동물을 함께 그려 사랑이나 장수를 바라는 장식 그림으로 사용되었다. 부귀를 상징하는 모란은 단독으로 그려서 혼례식의 대례병大禮屛으로 사용되기도 했다.

'어해도'는 물속에 사는 고기나 새우, 게, 조개 등에 꽃이나 해초를 곁들인 그림인데, 주로 젊은 부부의 침방을 장식해 다산이나 건강을 기원하는 용도로 사용했다. 떠오르는 해와 잉어를 함께 그린 경우는 등용문登龍門

〈호피장막책가도〉·비지정

작자 미상 | 조선시대 후기 | 종이에 채색 | 128×355cm | 8폭 병풍(본문 사진은 8폭 병풍 중 2폭의 확대) | 삼성미술관-리움 소장

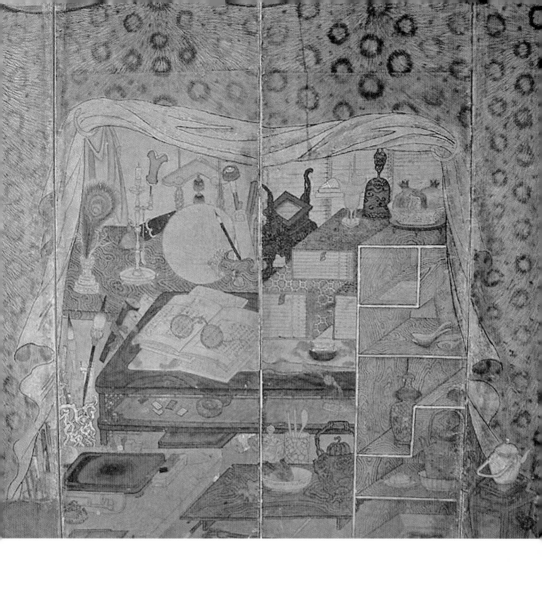

고사를 인용해 출세를 빌거나 경축하는 데 쓰였다.

소나무 가지에 앉아 있는 까치와 그 밑의 호랑이를 소재로 한 '호작도'는 잡귀의 침범이나 액을 막는 벽사용辟邪用으로 문 앞이나 방 입구 등에 장식되었다. '십장생도'는 장수를 상징하는 열 가지, 즉 거북, 소나무, 달, 해, 사슴, 학, 바위, 구름, 물, 불로초를 한 화면에 배치하여 화갑잔치를 장식하는 수연병壽筵屛이나 세화歲畵 등 특별한 때의 장식용으로 쓰였다.

사랑방에 장식되는 '산수도'는 정통산수화를 모방하거나 빗대어 그려진 경우가 많고, '세시풍속도'는 조선 후기에 유행하던 풍속화의 변형이며, 이외에도 교육용의 '고사인물도'나 '문자도' 등 여러 종류의 민화를 찾아볼 수 있다.

이렇듯 다양한 민화 가운데 특이한 존재로 책거리 그림을 들 수 있는데, 선비의 생활공간인 사랑방용으로 제작된 '문방도'가 변형되어 '책가도冊架圖'라는 독특한 분야를 이루게 된다. 원래는 진귀한 옛날 기물들을 그렸던 '기명도器皿圖'에서 시작해 선비 취향의 문방용구와 수석, 도장, 동기銅器 등에 국한하였으나, 후기로 갈수록 생활 주변의 다양한 소재를 받아들이게 되었다.

특히 화면 가득히 서가를 배치하고, 그 안에 여러 기물을 자유롭게 배치하는 모습으로 발전했다. 이는 조선 후기로 내려오면서 사농공상 식의 양반사회 기본 틀이 깨지면서, 초기의 서가 중심의 엄격함이나 획일적인 구도가 사라지고, 대신 책 이외에 선비의 생활과는 관계가 없는 과일이나 채소, 족두리, 어항, 빗자루, 담뱃대, 안경 등 다양한 기물들로 자유롭게 화면을 채우는 모습으로 변하고 구도 또한 다양해진 결과이다.

후기에 나타나는 회화적인 특징으로는 역원근법逆遠近法을 꼽을 수 있는데, 책더미를 표현하는 데 있어 눈앞에 보이는 앞면은 작게 그리고, 멀리 있는 뒷면을 크게 그려 원근법에는 정반대로 배치하는 구성 방법을 말한다. 이는 회화적인 구도에 앞서서, 고전적인 사고와는 달리 책이 사람을 바라보는 시각으로 입장을 바꾸면서, 책을 그림의 중심에 놓고 책의 입장에서 이야기를 전개함으로써 선비사회의 책에 대한 숭배 정신을 살리려 했던 데서 기인한 것으로 보인다.

그리고 책과 관계가 없는 일상용구나 과일 등은 토속적인 의미나 민간신앙과의 결탁을 의미한다. 오래오래 행복하게 살고 싶은 마음이나 다산에 대한 기원을 담은 상징물을 함께 그린 것이다. 음이 비슷한 수박을 그려넣어 수복을 상징하거나 유자를 그려넣어 유자有子(아들 갖기)를 바라는 마음을 담는 식이었다.

이런 유형의 그림에 대해 많은 화가들이 탄복하여 자기의 회화에 차용하려 했는데, 민예학자 야나기 무네요시는 이를 '불가사의한 그림'이라고 하면서 "지혜를 무력하게 만들고 합리성의 한계를 일탈한 자유성이 표현된 작품"이라며 경탄을 금치 못했다. 해체주의의 대표 격인 천재 화가 피카소가 보았더라도 놀랄 만한 발상이요 특성이라 하겠다.

여기에 소개하는 〈호피장막책가도〉는 원래 8폭으로 그려진 병풍용이다. 이 그림은 특히 호피도와 책거리 그림이 결합된, 특이하고 고급스러운 별격의 민화작품으로 꼽힌다. '호피도'는 원래 무인들의 기질을 표현하는 수단으로 그려졌지만 주로 액막이용 장식 그림으로 사용되었다. 호랑이무늬의 표현에 있어 세밀하고 꼼꼼한 붓질이 필요하기 때문에 실력 있는 화가의 작품이 아니면 볼 수 없다. 때문에 상품의 호피도는 대개 단원 김홍도가 그린 것으로 전해지는 경우가 많다. 〈호피장막책가도〉는 이런 고급 취향의 사랑방에 처져 있는 호피 장막을 들춰서, 그 안에 있는 선비 취향의 책거리 그림을 아울러 보여준다는 점에 두드러진 특징이 있다.

책거리 그림에는 서가 모양의 구획 안에 책갑으로 묶인 책과 향로, 필통, 붓, 먹, 연적, 도장 등의 문방구를 비롯해 선비의 격조에 어울리는 도자기, 화병, 화분, 부채 및 청동기 등이 배치된다. 또 선비의 여가생활과 관련한 술병, 술잔, 담뱃대, 담배함, 악기, 도검, 바둑판, 골패, 시계, 안경 등이 자유롭게 등장하고 있다.

표현 형식으로 보면, 초기에는 일정 구획 안에 좌우대칭으로 균형을 이루며 엄정하게 그려지다가, 후기로 갈수록 서양의 정물화에서 볼 수 있는 자유로운 구도 속에 격식 없이 그려지는 형식으로 변모한다. 주로 선비의 서재나 아들의 방에 장식되었고, 간혹 이형록 같은 화가의 이름이 등장하기도 하지만 기본적으로는 익명을 취하고 있다.

민화가 비록 뒤늦게 알려져 일반에게 생소한 느낌을 주기는 하지만, 정통회화에 못지않게 우리의 미감을 보여준다는 점에서 〈호피장막책가도〉는 리움미술관의 또 다른 자랑거리라 할 수 있다.

듣고 싶은

이 야 기

5 이병철과 호암미술관

이병철 컬렉션

호암湖巖은 '호수와 바위'라는 뜻으로, 호수처럼 맑은 물을 잔잔하게 가득 채우고 큰 바위마냥 흔들리지 않는 준엄함을 의미한다고 한다. 이병철 회장은 당시 대한상공회의소 회장이었던 전용순의 권유로 1955년 11월 경부터 '호암'이라는 아호를 사용하기 시작하였다.

삼성의 사업이 본궤도에 오른 1960년대 초, 이병철 회장은 서울에서 조금 떨어진 용인시 포곡면 처인읍 전대리 310번지 일대의 야산을 구입하기로 결정한다. 이어서 그는 중앙개발이라는 회사를 설립해, 이 일대를 위락시설로 개발하고 산지에는 양돈과 식목사업을 시작하도록 지시했다. 이름을 '자연농원'이라 하고, 평지에는 위락시설과 동물원과 식물원을 두었다. 산지에는 매실이나 밤 등의 유실수를 심었고 비료 조달과 고기 공급을 목표로 양돈을 집중적으로 시도하였다.

의령 농촌 출신의 그로서는 오랜 숙원을 구체화하는 사업이었다. 전자산업, 금융 등으로 앞서가는 삼성이 농업으로 뒷걸음질 치는 게 아닌가 하는 의구심마저 들게 하는 결정이었으나 그는 끈질기게 밀고 나갔다. 이를 이어받은 이건희 회장은 자연농원을 다시 미국 디즈니 식의 위락시설인 에버랜드로 바꾸고, 그 안에 자동차 경주장과 수영장 등을 포함하는 종합 레저타운으로 개조해나갔다.

호암은 매주 정기적으로 자연농원을 순방하여 직원들을 독려하고 척박한 땅을 기름진 옥토로 개간해나가기를 멈추지 않았다. 숙식을 위해 제대로 된 한옥을 세우고 공작 등을 방사하여 평화로운 자연의 모습을 만끽하고자 했다.

훗날 이 자리에 호암미술관을 세우고 다시 자신의 묘택까지 이곳에 정하는 것을 보면서 나는 호암의 이름자에 담긴 의미와 자연에 대한 그의 강한 애착과 집념을 느낄 수 있었다. 호암미술관에 가서 보면 '호암'의 의미를 그대로 볼 수 있다. 앞에는 호수가 펼쳐져 있고 앞산에는 철따라 꽃나무가 색을 맞추어 피어난다. 이 모습들을 보며 이병철 회장은 떠나온 고향 의령의 모습을 되새겼을 것이다.

오랜 시간을 지켜본 나는 지금도 그 당시의 모습을 잊을 수 없다. 자연농원을 찾은 그의 노년은 고향의 추억을 간직한 영락없는 시골 노인의 그것이었다. 직원들은 경황없이 그의 일거수일투족에 신경을 곤두세웠지만, 나는 그가 가지고 있었던 이 땅에 대한 사랑과 계획을 떠올리면 아직도 헐벗은 내 고향 북녘 강산이 함께 생각난다.

그의 머릿속에 담겨진 의령 생가의 모습을 담아내기 위해 화가 문학진과 함께 헬기를 타고 의령으로 향했던 기억도 새롭다. 하늘에서 내려다본

의령은 전형적인 우리 산천의 아늑한 모습을 하고 있었으며, 움푹 팬 분지로 되어 있어 동리 사람 말마따나 부자가 여럿 나올 지형이었던 것으로 기억된다. 또 다른 재벌가 LG 집안도 의령 출신이라 들었다.

의령의 모습은 화가 문학진의 손을 거쳐 아름다운 전원의 풍경으로 각색되었는데, 이후에도 그는 여러 분야의 예술가들에게 의령의 자연을 담아내도록 부탁하곤 했다.

이병철 회장은 붓글씨 쓰기에 공을 들였다. 전문 서예인들과는 달리 정·재계 인사들은 글씨의 기본이 잡혀 있지 않은 경우가 많은데, 이 회장은 그렇지 않았다. 붓 잡는 모습만 보아도 얼마나 글씨에 공을 들였는지 금방 알 수 있는데, 그는 꼿꼿하게 상체를 세우고 바른 자세로 붓을 잡았다.

붓이나 펜이나 원리는 대개 비슷한데, 이 회장의 글씨에는 비슷한 흐름이 있었다. 특히 펜글씨는 그가 직접 선택한 만년필로 획획 써내려가서 그의 특징이 더 잘 나타났다. 지독한 메모광이었던 그가 주로 만년필로 쓴 메모들은 그의 독특한 필체를 또렷하게 드러내 보인다.

이건희 회장은 아버지와는 다른 세대라서 그런지는 몰라도 글씨 쓰기 자체를 부담스럽게 느끼는 듯하고, 필체는 성격처럼 '우물우물 필법'이다. 건健 한 글자를 적어내는 특이한 사인은 한 마리의 딱정벌레를 연상시키는 모양이어서 흥미롭다.

조부 밑에서 서당을 다녔던 이병철 회장은 붓글씨에 익숙했지만, 사업을 시작한 후에는 시간이 없어 붓글씨에 전념하기 어려웠다. 그러나 이 회장의 붓글씨는 그만의 특징이 잘 드러나 보이는 글씨체를 갖고 있었다.

이승만 대통령이나 윤제술 의원 등이 달필인 것도 서당교육 세대이기 때문이었다고 할 수 있다. 유명인사로 백범 김구 주석, 박정희 대통령, 김대중 대통령 등은 나름대로 개성 있는 필체를 보여준다. 그들 역시 붓글씨에 기초를 두고 있으면서 펜글씨가 매끄러운 것은 같은 이치이다. 안중근 의사의 글씨는 애국자로서의 기질과 서당교육에서 익힌 붓글씨체를 유감없이 보여주는데, 전문 서예인의 경지를 훌쩍 뛰어넘고도 남음을 우리 모두 잘 알고 있다. 그의 글씨에는 기백이 넘쳐흐르고 특히 해서楷書(정자체의 글씨)가 장기였다.

어느 날 이병철 회장실에서 연락이 왔다. 글씨 지도를 할 수 있는 서예인을 추천해달라는 메시지였다. 그때는 회장의 나이로 보나 건강으로 보나 붓글씨를 쓴다는 것이 무리가 아닐까 했지만, 요청을 무시할 수도 없어 일단 서예인을 접촉해보기로 했다. 그렇지만 글씨를 잘 쓰는 것하고 글씨 지도를 잘 하는 것은 아무래도 다르지 않겠는가. 글씨는 오랜 훈련의 결과이지만 지도는 교육적 훈련이 어느 정도 되어 있느냐에 달렸기 때문에, 양자를 고루 갖추고 있는 이는 그리 많지 않으리라 예상했다.

나는 당대의 여러 서예인을 떠올리며 어느 계열의 서예인을 선택하는 것이 좋을까를 고심했다. 중요한 것은 글씨도 좋아야 하지만 성품이 문제라고 생각했다. 그 결과 초정 권창륜과 송천 정하건을 두고 저울질을 계속하게 되었다. 두 사람 다 장단점이 있지만, 검여 계열의 송천 정하건을 지도교사로 추천하기로 결정하고 비서실에 알려주었다. 초정은 일중 문하의 좌장 격인 서예가로, 글씨가 시원시원하고 특히 그의 스승을 닮아 예서체에 능했다. 송천은 성격이 진중하고 해서에 장기를 발휘하였기 때문에, 글씨를 배우는 입장에서는 해서를 중심으로 하는 것이 좋겠다 싶어 송천 정하건을 추천한 것이다.

기대했던 대로 송천은 글씨 지도에 있어 정도를 걸어 이 회장의 마음을 흡족하게 했고, 덕분에 나는 마음을 놓을 수 있었다. 나중에 들으니, 이보다 몇 년 뒤지기는 했지만 이건희 회장도 문인화가 홍석창 홍익대 교수로부터 글씨 지도를 받고 있었다. 조금 아쉬운 점이 있다면, 송천은 이병철 회장의 속마음은 아랑곳하지 않고 정도를 고수하는 교수법으로 글씨 지도를 하였다는 것이다.

원래 글씨는 어려서부터 배워야 한다. 나이 먹어서는 자기 습관도 있고, 이미 글씨가 굳어져버려 교정하는 데만도 오랜 시간이 걸리는 법이다. 아마 이 무렵 이병철 회장은 훗날 여기저기 나누어주는 휘호를 잘 쓰는 것을 최우선 목표로 글씨 공부를 시작했던 것 같다. 삼성 전체의 사령탑으로서 사업을 진두지휘하면서 글씨를 배운다는 것은 생각처럼 쉽지 않았을 것이다. 그래서 그런지는 몰라도 가끔 글씨의 진전이 쉽지 않다는 얘기를 해서 송천을 어리둥절하게 하곤 했다.

글씨가 며칠이나 몇 주 만에 좋아진다면 얼마나 좋을까마는 글씨는 생각대로 진도가 나가지 않는 법이다. 가로획 하나를 제대로 긋는 데에만 몇 달 이상이 걸리기도 하는 것이 글씨의 세계이다. 공력功力도 있어야 한다. 게다가 마음이 급하면 더더욱 글씨는 좋아지지 않는다. 공들인 만큼의 결과가 나오는 것이 글씨의 세계이다. 글씨처럼 정직한 게 또 없다. 그러니 이 회장의 마음이 급해진 것도 무리는 아니었을 것이다.

어느덧 붓글씨 연습은 이병철 회장의 생활 일과 중 한 부분이 되어버렸다. 매주 한 번씩 꼬박꼬박 글씨 연습이 진행되었다. 외부에 잘 알려진 대로 이 회장은 시계추처럼 정확하게 일과를 지켜나갔다. 송천이 지도하는 동안 글씨 연습이 미뤄진 경우는 한 번도 없었다고 기억된다. 그것도 오전 두 시간을 착실하게 채웠다. 배우는 이 회장이나 가르치는 송천이나 옆에 있는 나까지도 그 시간에 몰입하기는 매한가지였다. 덕분에 참모진이나 비서들은 덩달아 마음이 놓였다. 그 시간에는 누구도 방해할 수 없었기 때문에 두 시간은 여러 사람에게 여유를 주었다.

글씨 연습은 몇 년간 순탄하게 진행되었다. 이 회장의 글씨는 오랫동안의 자기 체가 이미 굳어져 있었다고 보일 정도로 일정한 패턴을 유지하고 있었고, 송천은 그 패턴에 조금씩 글씨 보정을 해주고 그런 방향으로 연습을 시켰다. 때에 따라 잘된 글씨가 나오면 낙관용으로 따로 보관해두기도 했다.

이병철 회장은 여느 서생처럼 천자문을 배우다가 그게 마음에 들지 않자, 사자성어나 고대 숙어를 준비하고 그것을 중심으로 연습을 해나갔다. 성어나 숙어는 내가 주로 만들었지만 일본의 지인이나 다른 문필가로부터 받기도 하였다. 이때 가장 많이 사용한 성어는 '事業報國사업보국', '人才第一인재제일', '傾聽경청', '空手來空手去공수래공수거' 등으로, 여러 용처를 염두에 두고 연습했는데, 주로 기업에 관련된 성어나 인생을 관조하는 숙어가 많았다.

붓이나 화선지, 먹, 인주 등 필요한 것들은 다 준비해두고 있었지만, 낙관을 하는 경우는 많지 않았다. 먹은 주로 비서가 갈아서 대기도 하고 나중에는 먹물통을 사다가 쓰기도 했다.

특이한 점은 이 회장의 습관이었다. 그는 연습할 때만은 신문지를 고집하였다. 화선지와 신문지는 붓이 미끄러져 나가는 탄력이 다르기 때문에, 글씨가 좋아지려면 신문지보다는 화선지를 사용해야 한다. 화선지에 익숙하지 않으면 글씨가 제대로 자리를 잡기가 어렵다. 그런데 화선지가 아까워서 그런지는 몰라도 이 회장은 끝까지 신문지를 고집하였다.

문제는 신문지를 반듯하게 준비하는 일이었다. 여비서가 그 일을 맡아 했는데, 몇 뭉치나 되는 신문지 다발을 옆에다 쌓아두고 반듯하게 펴서 다리는 게 일이었다. 눈이 유난히 큰 여비서는 그때마다 눈이 더 커지는 것 같았다. 말이 쉽지, 신문지 다리는 일은 거의 중노동에 가까웠다. 특히 반이 둥그렇게 접힌 신문지는 좀처럼 반듯하게 펼쳐지지 않아 애를 먹였다.

그렇게 다려놓은 신문지에 이 회장은 전면이 새까맣게 차도록 글씨를 연습하고 나서야 종이를 버렸다. 참으로 믿기 어려운 광경이 아닐 수 없었다. 화선지를 돈이 아까워서 사지 못하는 것도 아닐 텐데, 계속 신문지 다리는 일로 비서실이 때 아닌 몸살을 겪었다. 아마 어려서부터 몸에 밴 근검절약의 정신과 태도가 몸속 깊숙이 깃들어 나타난 행동일 것이다. 그저 돈의 문제만은 아니었다.

언젠가는 화장지 티슈를 하나 톡 하고 뽑아서는 반을 찢어서 사용하고 남은 반을 주머니에 넣는 이 회장의 모습을 보고 놀란 일도 있었다. 큰 부자는 다 저러나 싶어 무서운 생각까지 들었다. 화장지 생각을 하니 신문지 건도 이해가 되기는 했지만, 지금도 잊을 수 없는 장면으로 눈에 어른거린다.

마음에 들어서 따로 놓아둔 글씨에 낙관을 찍는 일은 송천이 주로 하고 옆에서 내가 거들었다. 송천은 반듯한 성격답게 낙관도 엄격하게 제자리를 지켜 꾹꾹 눌러 찍었다. 나중에 이 회장은 그런 송천을 두고 본인이 직접 낙관을 찍겠다고 하면서 낙관 찍는 직각자를 만들도록 했다. 눈대중만으로는 잘 되지 않기 때문에 자를 이용해 낙관을 찍는 재치를 발휘한 것이다. 이처럼 그의 실용적인 대응 방법에 내심 감탄한 적이 꽤 있었다.

　이 회장이 완성한 글씨들은 주로 가족과 일부 사장단 그리고 가까운 친지들에게 선물로 나누어주었다. 이건희 회장에게는 '事業報國사업보국'이나 '在上不驕재상불교' 혹은 '傾聽경청' 등이 주어졌고, 회사에는 '人才第一인재제일', '企業報國기업보국'이 보내졌다. 미래의 후계자 이재용에게도 '傾聽경청'이란 휘호가 주어졌다고 들었다. 인생의 마지막을 의식해서인지 '空手來空手去공수래공수거'를 쓰는 일이 많았는데, 글자 수가 여섯이라 다른 네 자 글들에 비해서 훨씬 힘이 들었지만, 그는 이 글에 대해 깊은 감회를 안고 있는 것처럼 보였다.

　빈손으로 왔다 빈손으로 간다, 이 말은 단순히 강 건너 남의 이야기가 아니다. 이 회장도 예외는 아니었다. '공수래공수거'를 쓰고 있는 그의 모습은, 70년 생애를 담담하게 뒤돌아보는 희끗희끗한 백발과 깊게 팬 주름살로 뒤덮인 시골 노老 할아버지의 모습 그대로였다. 누구든 인생의 마지막은 예외 없이 그렇게 흘러가나 보다. 덧없는 것이 인생 아니던가.

미술품 주문 제작의 원칙

삼성은 미술품의 제작과 소유에 있어 나름의 원칙을 갖고 있었다. 이병철 회장이 계속해서 미술품을 수집하고 국전 관람을 비롯해 미술계 동정에 관심을 표했기 때문에, 미술에 관련된 일은 크든 작든 수시로 이 회장에게 보고하고 결재 절차를 밟았다.

미술에 관해 전문적인 지식이 있는 것도 아니고 미술계의 동향을 줄곧 지켜보고 있는 것은 아니지만, 삼성패밀리 구성원들의 미술에 대한 관심은 다른 집안들과는 크게 달랐다. 건축의 설계에서부터 인테리어에 이르기까지 이병철 회장에게 보고를 거치지 않고 진행되는 일은 없었다. 그런 경우 삼성에 직결되는 일은 홍진기 회장이나 이건희 부회장이 동행하여 처리 결과를 함께 지켜보거나 의견을 냈다. 신라호텔 관계는 장녀인 이인희 고문이 처리하는 경우가 많았고, 이 회장이 자주 들르는 신세계백화점

건은 막내딸 이명희 회장 등이 사안별로 동행하여 처결하곤 했다.

어느 날 삼성본관 로비에 벽화를 설치하자는 논의가 있었다. 태평로에 위치한 구 삼성본관은 삼성호의 발진기지와도 같은 상징적인 장소였다. 그런 개방된 장소에 벽화를 설치하는 일은 삼성에 의미 있는 작업이 아닐 수 없었다. 논의 끝에 당시 서울대에 재직하던 일랑 이종상 화백의 〈십장생〉 벽화로 결정이 되었다. 일랑은 국전 국무총리상을 비롯하여 다수의 수상 경력과 함께, 산수·인물·추상·반추상을 넘나들며 화업에 정진해온 걸출한 작가로 고구려 벽화 연구를 통해 박사학위를 받았을 정도로 학구파이기도 했다.

1938년생인 이종상 화백은 이병철 회장에게는 생소한 인물이었지만, 몇 번의 만남이 이루어지고 나서는 이 회장이 극찬하는 화가가 되었다. 일랑은 화법 전통으로 보면 이당 김은호를 이어 월전 장우성, 남정 박노수를 계승하는 동양화 화단의 촉망받는 유망주였다. 다양한 주제를 자유자재로 다루며 끊임없이 실험과 연구를 계속하면서 지칠 줄 모르고 작품을 쏟아내는 노력형 작가였다.

그는 이 회장에게 로비 벽면에 설치할 작품으로 궁정의 벽화 십장생 그림을 추천했다. 직접 화선지에 그림의 초본을 그려 벽에 붙여놓고 이 회장의 결단을 기다렸는데, 다 붙여놓으니 크기도 크기려니와 가히 장관이었다. 그런 정성에 감탄한 이 회장이 최종적으로 〈십장생〉 벽화를 제작, 설치하는 것으로 결정을 하였다.

나는 당시 이종상 화백이 로비 벽면에 〈십장생〉 벽화를 준비하고 이 회장의 결심을 끌어내는 열정적인 모습을 유심히 지켜보면서 화단의 대표적인 존재가 될 것을 예감했다. 그림의 구성이나 화면 처리 혹은 준법, 붓질

등에 있어 일랑은 거칠 것 없는 자신감을 쏟아냈다.

마지막 단계에서 벽화를 어떻게 표현하느냐를 두고 의견이 분분했다. 화가는 벽에 붙여질 석판의 샘플에다 선각으로 그림을 새겨서 이 회장에게 보고하였고, 결국 〈십장생〉 벽화는 깊이 새기는 각화刻畵로 제작되어 로비 벽면을 화려하게 장식하게 되었다. 이종상 화백은 각화의 필요성을 설득하기 위해 울주 반구대의 청동기시대 암각화의 예를 들어가면서, 〈십장생〉 벽화는 암각화처럼 새겨진 그림으로 표현되어야 한다고 역설했다. 지금도 그때 그 장면이 눈에 선하다.

지금은 없어졌지만 태평로 삼성본관 앞 광장에는 한때 삼성의 상징조각이 설치되어 있었다. 서울미대 조소과에 재직하던 최만린 교수의 작품이었다. 탤런트 최불암과 동서지간인 최만린 교수는 추상조각의 선구자 역할을 한 2세대 작가이다. 우성 김종영의 수제자 3인 가운데 한 사람으로, 최종태·최의순과 함께 '트로이카 최'로 불리던 서울미대 조소과 학파의 1인으로서 평생 추상조각에 몰입했다. 최 교수의 실력을 익히 알고 있던 나는 삼성의 상징조각을 맡을 적임자로 최만린 교수를 추천했다.

이병철 회장이 최 교수의 호감 가는 인상과 매끄러운 말솜씨를 마음에 들어하면서 상징조각의 제작은 힘을 받게 되었다. 제작 진행 단계에서 여러 차례 중간보고를 했다. 주된 형태는 최 작가 조각인생의 3단계 주제라 할 수 있는 세 개의 구체를 결합시켜놓은 형태로 마감되었다. 멀리서 보면 어렸을 때 먹던 경단을 꽂아놓은 것처럼 보였지만 작가는 만족하는 듯했다. 높이는 대략 6~7미터로 건물 2층 정도의 높이에 상징조각을 올려놓고, 밑에 세 군데 사자상을 조각해 사자의 입에서 물을 토해내게끔 만들어졌다.

문제는 중간에 발생했다. 전체적으로 왜소해 보이는 이 작품에 대해 이 회장이 마뜩잖은 표정을 짓는 일이 잦아지면서 갈수록 심기가 불편해 보였다. 그러나 이 회장은 최 작가나 내게 이렇다저렇다 말을 않고 그저 다시 한 번 더 보았으면 좋겠다는 식으로 작업의 교정을 무언중에 요구했다. 마음에 들지 않는다는 이야기였다.

나중에 알았지만, 이병철 회장의 마음속엔 독일 슈투트가르트에 있는 벤츠 본사의 엠블럼이 있었던 것이었다. 그것을 직접적으로 얘기하지는 않고 그저 무언가 마음에 들지 않는다는 표정을 지으면서도 최 작가를 만나면 웃으면서 칭찬으로 일관했다. 그런 점이 이 회장의 본래 모습이란 걸 알게 된 것은 한참이나 지난 뒤였다.

삼성의 상징조각은 그렇게 제작되어 본관 앞 광장에 설치되었다가 지금은 어딘가로 옮겨지고 말았다. 조각가는 본래 자기만의 조각언어가 있어 그것을 버리기는 매우 어렵겠지만, 최 작가가 그때 이 회장이 바라던 바가 벤츠의 엠블럼과 같은 것이라는 사실을 파악했더라면, 삼성의 상징조각은 지금도 삼성본관 광장에 살아 있지 않았을까. 엠블럼 마크를 만들면 되었을 것을 조각작품으로 완성하려 했으니, 서로 동상이몽만 하다 만 셈이 되고 말았다.

이병철 회장은 자신의 문제를 미리 준비해놓는 스타일이었다. 용인 호암미술관 옆의 묘택도 그 스스로 결정하였다. 흉상의 제작도 그와 맥을 같이한다고 생각한다. 어느 날 흉상을 제작해야 하니 조각가를 찾아달라는 비서실의 요구가 있었다. 그때는 비서실 직원들이 제작해서 이 회장에게 헌정하는 것인가 보다 생각했는데, 웬걸 이 회장이 직접 챙기는 사안이었다. 지금 삼성에는 호암의 흉상 몇 개가 보관되어 있다. 조각계의 원로인 백문기, 전위미술의 추종자 이승택, 구상조각의 선두주자 김창희 그리고 컴퓨터 조각 등 여러 분야에서 시도한 흉상들은 제각각 특성이 있다.

호암은 자신의 흉상을 만들기 위해 조각가들의 작업실을 여러 번 찾아갔다. 이승택의 경우 작가의 집으로까지 찾아갔는데, 그는 집이 바로 작업실이었다. 김창희는 동명이인이 있어서, 자신을 다른 김창희와 구분하려고 출신지를 붙여 '당진 김창희'라고 했다. 젊었을 때 경제적인 고통을 많이 받아 국전 특선작을 리어카에 싣고 가서 주물 값으로 무게를 달아 팔려고까지 했다는 얘기가 있었다. 당시 그는 서울시립대에 재직하고 있었는데 학교에 있는 그의 작업실을 찾아 전농동에 여러 번 나들이를 했다. 이 회장은 김창희에게는 맥아더 동상을 맡기기도 했다. 이 회장이 맥아더기념관을 찾아 그 유족에게 동상을 만들어 보내겠다는 약속을 했고, 등신대 반 정도 크기의 동상을 만들어 미국에 보냈다.

그렇게 조각가의 작업실 나들이를 여러 차례 했건만 이 회장은 자신의 흉상 만들기를 그치지 않았다. 마음에 든 작품이 없었다는 뜻이었다. 그래서 택한 마지막 돌파구가 컴퓨터 조각이었다. 쉽게 말해, 흉상을 만들 대상자를 컴퓨터로 촬영해 그 필름을 갖고 조각하는 방법이다. 세밀한 등고선 측량을 통해 얻어진 필름을 조각가가 조각하는 방법을 적용해 입체적으로 조각하되 전 과정을 기계가 행하는 것이다. 당시 일본에서도 그 방법을 쓰는 데는 많지 않았다. 컴퓨터 조각은 겉으로 보기에는 대상자를 똑같게 표현하므로 괜찮아 보인다. 그러나 자세히 뜯어보면 생명력이 느껴지지 않고 껍데기만 남은 해골을 보는 것 같은 가벼움만 남는다.

이 방법도 이 회장을 만족시키지는 못했다. 진즉에 이탈리아의 흉상 전문 조각가를 데려다 작업을 했으면 하는 아쉬움이 남는다. 문제는 표현력이고, 표현 능력은 오랜 훈련에서 나온다는 가장 간단한 이치를 깨우치지 못했던 데서 나온 오랜 방황의 결과였다. 나는 지금도 우리나라 조각에서 표현력을 발전시키지 않는 것을 가장 큰 약점으로 꼽고, 젊은 작가들은 그에 대한 훈련을 게을리하지 말기를 권한다. 많은 예술가를 접해보지만, 기본기를 충분히 갖추고 완벽하고 능란하게 표현해내는 작가들을 보기 어려워 하는 말이다.

우리나라는 동상을 만드는 데 익숙지 않다. 초상화도 마찬가지이다. 서울 시내 곳곳에 위인·열사들의 동상이 많이 세워져 있지만 그것들을 볼 때마다 불만스러운 생각을 떨칠 수 없다. 길거리에 새로 세워지는 동상들을 바라보고 있노라면 기가 빠진 허수아비처럼 보이기도 한다. 문제는 묘사력이다. 조형 실력을 말한다. 이탈리아나 영국 같은 유럽의 봉건국가들은 일찍부터 흉상이나 초상을 만드는 관행에 익숙해 있어서 그를 전담하는 전업작가들이 발달하였다.

그러나 우리나라의 경우, 조선시대 초상화를 제하고는 사람의 형체를 똑같이 만들어 남겨두는 데에 익숙지 않아 초상화나 흉상의 제작은 어쩌다 한 번 있는 일이었다. 초상을 전문으로 하는 전업작가가 생기기 어려운 풍토였던 것이다. 그러니 완벽한 초상이 만들어질 수가 없다. 형체는 비슷하지만 거기에 표정이 살아 있지 않다. 뛰어난 작가는 표정을 통해 흉상에 생명력을 불어넣는 기술을 가지고 있다. 그러나 제작의 기회가 많지 않으니 우리 작가가 그런 기술을 가졌을 리 만무하다.

초상화는 월전 장우성의 작품을 제일 기꺼워했다. 월전은 문인화풍의 작업을 많이 한 동양화가인데, 스승 김은호보다 인물화를 잘 그렸다. 매운 눈썰미 덕분이 아닌가 싶다. 월전의 작품들을 보노라면 그의 예리한 작가적 시각을 곳곳에서 느낄 수 있다. 다만 월전을 배출한 시기가 조선과 현대의 중간이어서 지금처럼 거칠 것 없이 자유로운 케이-팝K-pop 정신에 다가가기에는 무리가 있다. 우리 미술의 특징 중 가장 두드러진 것 하나는 자유로움이라고 생각하는데, 케이-팝으로 대변되는 한류 예술은 무한한 자유로부터 출발하고 있다.

이당 김은호에서 월전 장우성으로 이어지는 전신傳神 기법은 조선시대 초상화의 장기였다. 동양 삼국 중에서도 조선의 초상화는 백미이다. 정신이나 기氣를 싣지 않으면 초상으로 치지 않았다. 윤두서의 〈자화상〉을 보면 전율을 느끼지 않을 수 없다. 중국이 과장되고 일본이 기교에 빠진 데 반해, 조선의 미술은 자유롭고 소박하다. 그중에서 초상화는 전신의 마술에 흠뻑 젖어 있어 초상화의 진면목을 유감없이 잘 보여주고 있다.

우리 미술의 성과 중 초상화 분야는 세계 어디에 내놓아도 독보적인 위치에 있다고 나는 믿는다. 그런 출중한 능력을 요즘에는 찾아보기 어렵다. 이는 모두 다 기교에만 젖어 기본을 망각하고 훈련을 게을리하기 때문이라고 나는 생각한다. 월전이 그린 호암의 초상화나 백문기 등이 제작한 흉상들을 볼 때마다 아쉽다. 호암의 정신을 표현해내는 데에는 아직 미치지 못하고 있다는 생각을 지우기 어렵다. 과연 나만의 독백에 불과한가.

'헨리 무어 초대전'

호암미술관의 개관을 준비하던 중 개관 기념 특별전시를 고심하게 되었다. 특별전은 말 그대로 특별한 분야와 내용을 보여주는 전시여서 미술관이 지향하는 목표를 분명히 보여줘야 했다.

이병철 회장은 시계추처럼 규칙적이고 정확하게 자연농원을 방문했고, 그때마다 미술관에 들러서 전시장이나 시설 등을 둘러보곤 했다. 업무지시를 겸한 이 방문은 그에게는 어릴 적 향수를 되새기는 휴식의 시간이었기 때문에, 직원들은 힘이 들어 질색을 해도 그의 방문은 변함없이 계속되었다. 개관 전의 호암미술관은 지금의 '전통정원 희원熙園'이 만들어지기 전이라 썰렁하기 그지없었다.

그는 정기적으로 국전 전시장을 방문하여 마음에 드는 작품들을 사 모았는데, 그중에는 조각작품도 꽤 있었다. 하지만 국내 작가들의 작품만으로는 성에 차지 않아했다. 그는 우리도 일본 하코네에 있는 '조각의 숲 미술관'처럼 야외 조각공원을 만들 필요가 있다고 얘기해왔었다. 그 첫 번째 대상으로 영국이 자랑하는 헨리 무어를 접촉하기로 하고 전문가 유근준 교수(당시 서울미대 재직)와 동행하기로 했다. 로댕, 부르델, 마욜로 이어진 조각 거장들의 작품 전시에 시발이 되었다. '헨리 무어 초대전'은 그런 배경에서 교섭이 시작되었다.

수소문 끝에 헨리무어재단을 방문하기로 약속이 되었다. 마침 파리에 출장 중이던 홍진기 회장이 미술관 관장 자격으로 방문단에 합류해 교섭에 앞장을 섰다. 헨리무어재단 본부는 런던에서 남쪽으로 한 시간 정도의 거리에 있는 옥스퍼드셔에 자리 잡고 있었다. 전형적인 영국의 시골 마을 분위기가 아티스트 헨리 무어의 감성과 한껏 들어맞아 잘 어울린다는 느낌을 받았다.

재단의 사무총괄은 무어의 조카가 맡고 있었는데, 굉장히 사무적이고 따지기를 좋아하는 모습으로 비춰져서 지금도 기억에 남는다. 사무실에 도착하자 사무장은 우리 일행을 기다리게 하고는 어딘가로 가버려서 한참을 기다려야 했다. 다시 나타난 그녀는 우리에게 대뜸 면담 시간은 5분이며 그 이상은 안 된다고 잘라 말했다.

어안이 벙벙해져 홍진기 관장의 안색을 살펴가며 뭐 이런 데가 다 있나 하고 고개를 갸우뚱하지 않을 수 없었다. 전시 문제나 작품 구입에 대해 사전에 어느 정도는 입을 맞추고 왔기 때문에, 우리 식으로 상다리가 휘도록 음식을 차려놓고 대접은 않더라도 작가가 어느 정도 시간을 내주리라 기대하고 있었는데, 단지 5분만 낼 수 있다는 통보에 당황스러웠다.

헨리 무어의 아틀리에는 양철 바라크로 지어올린 커다란 막사 안에 있었다. 예술적인 공간을 상상했던 것과는 달리 바라크 안은 가내수공업 공장 같은 모습이었다. 간이응접실처럼 보이는 공간으로 안내된 우리 일행은 기대에 들떠 위대한 조각가의 등장을 기다리고 있었다.

주지하듯이, 헨리 무어는 그림의 터너, 음악의 비틀스에 못지않은 국가적 예우를 받아 왕실로부터 기사Sir 작위까지 수여받은, 20세기를 대표하는 위대한 조각가이다. 그는 고대조각의 방향을 바꾸어놓은 로댕으로부터 벗어나 조각의 본질을 새롭게 정의하며 조각사에 길이 남을 업적을 쌓아올린 조각계의 혁명아였다.

전 시대의 조각이 인체의 충실한 재현에 머물렀다면, 무어 조각예술의 본질은 조각작업 자체의 재해석에 기초하여 조각작품을 다시 새로운 창조적 예술로 승화시켰다는 것으로 집약된다. 피카소(1881~1973)가 20세기 회화의 방향을 크게 바꾸어놓았다면, 무어는 조각의 물줄기를 바꾼 희대의 아티스트이다. 그런 그를 비록 5분에 불과하지만 대면할 수 있게 되었다는 사실 하나만으로도 나는 흥분을 억누를 수 없었다.

얼마 지나지 않아 그가 모습을 나타냈다. 어깨가 조금 구부정한 것을 제외하고는 눈빛과 기가 형형히 살아 있는 장인의 모습이었다. 그와 어떻게 인사를 나누었는지도 모르게 바로 면담이 시작되었다. 그러나 무언가 이상했다. 이건 아니지 않은가 싶었다. 우리 식으로 얘기하자면, 대접이 말이 아니었고 예의도 없었다. 약간 매부리코인 그는 우리 일행에게 눈길도 주지 않은 채로 의자에 앉자마자 자신의 유명한 드로잉 작품에 물감을 칠하는 작업을 하면서 어쩌다 한 번 "예스!" 정도의 단답형으로 답할 뿐이었다. 헨리 무어의 드로잉 작품은 화가 빰치는 소재와 구성, 선묘와 색감으로 유명해 경매에 나오면 회화작품의 값을 단숨에 뛰어넘는 것으로 알려져 있다.

나는 그런 그가 대단하기도 하고 어이없기도 하여 뚫어지게 바라보았다. 그러나 그에게는 여느 사람들이 범접하기 어려운 대가의 아우라가 보였다. 수십 년째 쓰고 있는 검은 뿔테안경과 더불어 그의 모습은 하나의 조각상처럼 보이기까지 했다.

면담은 약속대로 5분 만에 끝났다. 영국 사람들의 기질을 알 수 있을 것 같았다. 정확히 5분이 지나자 그는 우리에게 가볍게 손을 내밀어 악수를 하는 둥 마는 둥 하고 온 길로 다시 사라져버렸다. 그것으로 면담은 끝이었다.

유근준 교수는 사진 찍기 바빠서 면담의 내용이나 진행에는 크게 신경 쓸 여유가 없어 보였다. 서울미대에서 미술이론을 강의하는 그로서는 당대의 대가를 카메라에 담느라 정신이 없었다. 그는 헨리 무어의 그런 모습이 너무도 당연한 것처럼 행동하고 있었다.

나중에 안 사실이지만, 무어의 그런 생활 태도는 소련계 부인 이리나 무어의 철저한 관리 방식에서 나온 것으로, 그녀는 남편을 사육사가 동물을 사육하듯이 아침이면 작업실에 넣고 밖에서 문을 잠그고 중간에 밥만 들이미는 생활을 오래 계속했다고 한다. 참으로 지독한 부부였다. 위대한 아티스트 옆에는 철저한 관리자가 있게 마련이다. 이리나는 원래 화가 지망생이었으나, 남편이 뛰어난 예술가라는 사실을 확인하고는 그림을 포기하고 남편을 위대한 조각가로 만드는 일에 일생을 걸었다.

헨리 무어의 예술은 그런 배경 아래서 탄생되었다. 그의 아틀리에에는 코끼리 두개골을 비롯해 나뭇가지, 돌 등 자연에서 볼 수 있는 여러 재료들이 즐비하게 놓여 있었는데, 그의 마케트Maquette 작품들과 함께 그의 예술의 원천과 프로세스를 유감없이 보여주는 좋은 실험실이었다고 기억된다.

무서운 영국인이었다. 정말 시간을 금처럼 쓰고 있었는데, 그 말고 그런 태도를 다시는 본 적이 없다. 백남준은 조금 달랐다(나중에 그 얘기를 펼칠 시간이 있으니, 그때 다시 생각해보기로 하자). 우리 작가들을 만날 때마다 나는 헨리 무어 이야기를 잊지 않고 해준다. 그렇게 하지 않고 위대한 예술이 나온다면 그건 사기에 가깝다. 최초의 비디오아트 작가 백남준이 '예술은 사기'라 했던가.

그렇게 면담은 싱겁게 끝났지만 성과는 컸다. 호암미술관 개관 기념 특별 초대전에 합의하고 헨리 무어의 작품을 여러 점 구입하기로 했다. 브론즈 신작은 우리에게 제일 먼저 내놓는 것이라고 사무장은 생색을 내기에 바빴다. 영국인의 비즈니스 기질을 다시 보았다. 헨리 무어의 작품은 값이 녹록지 않다. 목각이나 대리석 작품은 수백만 달러를 호가하고, 브론즈 작품도 값이 꽤 비쌀 뿐 아니라 에디션이 있어 한 개로 여러 작품을 주물로 떠서 판매하고 있다.

이때부터 우리나라에도 외국 작가의 작품들이 수입되기 시작했다. 대우 힐튼호텔 로비에 헨리 무어의 작품이 설치된 것도 이 이후의 일이다.

빼어난 한국미를 담은 전통정원 희원

우리나라는 조경造景 조원술造園術이 다른 나라들에 비해 발달이 더딘 편이다. 사계절의 변화가 분명하고 국토의 70퍼센트가 빼어난 산으로 이루어져 주변 풍광이 뛰어나기도 했고, 예로부터 우리 민족은 그런 자연에 순응하며 자연으로 회귀하는 것을 으뜸으로 알고 살아왔기 때문이다. 애써 정원을 조성하려 하지도 않았고, 만드는 경우라도 조영물 전체를 크게 한 아름으로 보듬는 터전으로 만들려 했다. 건축물을 짓더라도, 자연의 순리에 따라 지세를 거스르거나 변형하지 않고 인공 작업을 최소화하고자 하였다. 물이 위에서 아래로 흐르는 것이 순리여서, 정원을 조성함에 있어서 중요한 요소인 물의 흐름을 지세에 맞게 돌아 흐르게 하거나, 낙차를 이용해 폭포로 떨구거나, 자연스럽게 물이 넘쳐나도록 배려하였다.

이는 타고난 민족의 심성적 특성에 기인한 것으로, 조경 행위는 본래 인공적인 손질을 필요로 하는 작업이어서 우리의 정서와는 어울리지 않았던 것이다. 물론 경주 안압지나 부여 궁남지로부터 조선의 창덕궁 후원(구 비원)이나 담양 소쇄원 등 아름다운 경치를 자랑하는 빼어난 사적·명승지가 여럿 있기는 하지만, 인근 중국이나 일본과는 달리 대규모의 인위적 토목 공사나 수공예적인 수목 정비 작업은 많지 않았다. 자연 그 자체를 즐기는 것을 최고의 덕목으로 쳤던 것이다.

중국의 정원은 우리와는 달리 평지에 대규모로 조성되었는데, 보통 산악이나 동굴 혹은 폭포 등의 자연 요소를 모방하여 대자연을 압축해 옮겨 놓고자 했다. 수목이나 화초를 풍성하게 심어 가꾸고, 건축 디자인에 많은 변화를 주어 시각적인 포만감을 느끼도록 배려하였다. 중국의 다른 문화유산과 마찬가지로, 중국의 정원은 자유분방한 가운데 과시욕이 높고 형식을 중요시하며 화려·찬란함을 이상으로 삼았다. 별궁에 해당되는 북경의 '이화원'을 보면 면적만 해도 대략 300만 평에 이르는 어마어마한 규모로, 담장을 높게 쌓아 외부와는 철저하게 격리시켰으며, 기기묘묘한 모양의 괴석이나 기화요초로 장식하고 있다.

일본의 정원은 규모가 크지 않지만, 인공 언덕이나 연못 등을 중심으로 바위나 모래 등을 적절히 배치하면서 사이사이에 교목이나 관목, 화초 등 관상수를 심어 자연의 맛을 옮겨 심으려 하였다. 경관의 조성을 위해 규모를 적절히 축소하거나 상징적으로 차용하여 표현하고, 아름다운 경치를 대치하여 관상 효과를 높이고자 하였다. 연못에 다리를 걸쳐놓거나 수목을 기하학적 형태로 다듬는 것은 물론이고, 바닥에 잔디나 이끼를 깔고 나무관이나 돌그릇을 놓고 그 사이로 물이 흐르게 하는 등, 도처에 인공적인 요소를 빈틈없이 가미하여 멀리 있는 자연을 최대한 가깝게 끌어들이고자 하였다. 교토의 '료안지〔龍安寺〕'나 '다이토쿠지〔大德寺〕'에는 모래 위에 바위 하나를 세워두고 산수를 대신하는 소위 '가레산스이〔枯山水〕' 기법의 정원도 보이는데, 일본식 조경의 두드러진 특징을 대표하고 있다.

그에 비해 우리는 있는 그대로의 자연을 즐기고 감상하는 것을 더 선호하였고, 필요할 때에만 좋은 경치를 '차경借景'하는 것을 조경술의 으뜸으로 생각했다. 차경은 조경술의 차원 높은 변신으로 보면 된다. 말 그대로 자연의 경치를 빌려서 보는 데에 만족하거나 자연의 맛을 일부 마당 안으로 끌어오는 것이 차경의 기본이다.

호암미술관의 앞마당 격인 전통정원 희원은 서울 한남동에 있는 승지원 내의 미니 한식 정원으로 시작하여, 전통정원을 재현하기 위해 오랜 기간의 조경 설계는 물론, 분지성 지형을 토양으로 메워 작은 동산과 계류를 조성하는 거창한 토목공사를 거쳐 1997년에 마침내 완성되었다.

희원은 전통정원을 본뜬 여러 요소들로 구성되어 있는데, 월문 모양으로 만든 보화문葆華門을 통해 빽빽이 자란 죽림을 지나는 길은 운치가 넘친다. 그 위로 관음정觀音亭 정자를 지나 전체 조경의 중심이 되는 사각의 방지方池인 법련지法蓮池에서 보면, 위로 아담한 호암정과 미술관 본관 2층 건물이 우람하게 솟아 있다. 방지는 우리 정원의 핵심적 요소로 삭막한 땅을 물의 요소로 중화시켜주는 맛이 있다. 그 사이사이에 작은 시내와 꽃동산을 거닐면 철마다 바뀌는 정원의 아기자기한 맛을 듬뿍 느낄 수 있다. 한옥과의 경계에는 십장생으로 장식된 꽃담이 시선을 모으며, 뒤로는 후원이 있고 아담한 다실도 한쪽에 마련되어 있다.

이런 정돈된 모습의 전통정원이 호암미술관과 조화롭게 조성되기까지는 많은 노력과 시행착오가 있었다. 자연농원 개발의 초기 단계에 호암미술관 주변은 앞이 훤히 내려다보이는 분지형의 정원만으로 구성되어 있었다. 이병철 회장은 색색으로 피어오르는 꽃과 울긋불긋한 단풍을 즐기는 취향이라, 호암미술관 정원의 초기 모습은 보통의 개인 집 정원의 수준을 넘어서지 못했다. 마당이 횅하니 허전했기 때문에 중간중간에 그가 좋아했던 조각작품들로 공간을 채워 장식하였다. 이후 '헨리 무어 전'을 계기로 외국 작가의 조각작품에 눈을 떴고 로댕, 부르델, 마욜 같은 교과서적인 조각품들을 하나둘 모으기 시작했다. 특히 부르델의 경우, 대형 말 작품을 위시하여 광장에나 놓으면 좋을 법한 대형 작품들이 수집되면서부터 조금씩 조각공원의 모습이 만들어지기 시작하였다.

그에 비해 이건희 회장의 생각은 크게 달랐다. 그는 승지원에 한식 전통정원을 소규모로 만들어보고는 본격적으로 전통정원을 호암미술관 앞마당에 조성하기로 결심하고 실행에 옮기도록 지시하였다. 그 결과로 만들어진 것이 아름다운 전통정원 희원이다.

호암미술관에 펼쳐진 정원은 건축(2층의 호암미술관과 단층 한옥)을 끌어안고 담 밖의 자연(인공 호수와 주변의 자연경치, 조각공원)과 또다시 한 몸을 이룬다. 정원(희원)과 건축, 자연이 서로 경계를 넘나들며 영향을 주고받는 풍광이다. 이런 특징이야말로 전통적으로 한국 정원이 지녀온 가장 빼어난 조경미학이라 하겠다.

그런 의미에서 호암미술관과 희원, 그리고 호수를 끼고 있는 일대는 새로운 명승지로 꼽아도 좋을 만큼 아름답다. 그런 구성상의 바탕 위에 조금씩 역사의 더께를 덧칠해가고 있다. 운치가 있고 은근한 멋이 우러나오는 호암미술관 주변은 이제 점점 오래된 전설처럼 변모해가고 있다. 담양 소쇄원이나 창덕궁 후원과 더불어 우리 전통정원의 맛을 차원 높게 보여주고 있다. 호암미술관은 전원형 박물관의 특성을 골고루 구비하고 있어 가벼운 주말 나들이 코스로 적극 추천할 만하다.

6 호암 명품 둘러보기

가야금관

호암이 잠 못 이루며 아낀 첫째 보물

이병철 회장의 명품 컬렉션 중 그 첫째와 둘째를 다투는 작품이 있다면 아마도 〈가야금관〉(국보 제138호 〈전 고령 금관傳高靈金冠〉)과 〈청자진사주전자〉를 꼽아야 할 것이다. 그중에서도 〈가야금관〉은 하루 일과를 시작하는 순간부터 소재를 파악해야 직성이 풀릴 만큼 이 회장의 애착이 대단했다. 심지어 직접 금관의 부속 유물들을 몸체에 부착해보며 들여다보곤 했다. 그 정도로 이 회장의 〈가야금관〉 사랑은 다른 수집품들과는 비교할 수 없는 것이었다.

우선 금관 이야기를 해보자. 금관은 사실 예나 지금이나 신분을 상징하는 표본 아닌가. 특히 머리에 쓰는 관모는 착용자의 신분이나 출신을 알려주는 대표적인 유물로, 고고학계에서는 금관 출토를 무척 반기는 편이다. 금이라는 재료나 화려한 외관 때문이 아니라 금관이라는 유물을 통해 그

시대를 주름잡던 일가와 과거 사회를 들여다볼 수 있는 실마리를 얻을 수 있기 때문이다. 또한 관모에 순금을 적용한다는 것은 신분제 사회가 고착되고 있다는 의미이기도 하다.

삼국시대 모든 나라에서 금관이 사용되었던 것은 아니다. 당시로 치면 선진국이었던 고구려에서는 구리판에 도금한 금동관이 존재했다고 알려져 있지만, 금관의 실존 여부는 아직 확인되지 않고 있다. 백제는 비단모자에 금제 꽃장식을 꽂아서 신분을 표현했다. 무령왕릉에서 그 실물이 출토되기 전까지 백제의 금관은 그저 베일에 싸여 있었다.

신라에서도 금관은 5세기 초에 이르러 등장하기 시작하는데, 신라가 왕권국가로서 서서히 자리를 잡아가던 시기가 바로 그 무렵이었다. 그런데 이미 일제강점기부터 금관의 존재 사실이 알려져 수많은 호사가들의 손을 타야 했다. 특히 악질적인 일본의 수집가들에 의해 파헤쳐진 신라 고분은 그 수를 헤아릴 수 없을 정도였다. 그들 외에도 금관에 눈이 먼 호사가들 때문에 현재 남아 있는 금관 유물은 손에 꼽을 지경이다.

육가야의 경우 연맹의 우두머리인 가야 왕의 세력이 초기의 금관가야에서 후기의 대가야로 옮겨갔다고 알려져 있다. 그 후기 가야연맹의 맹주인 대가야 왕의 신분 장식이 바로 이 〈가야금관〉이었다.

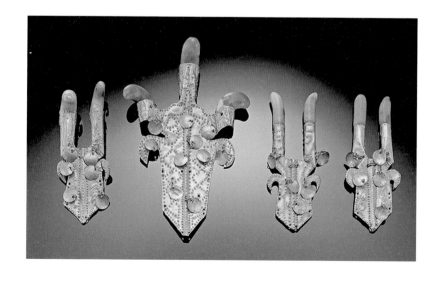

금관은 가야연맹의 속사정을 잘 보여주고 있다. 대가야도 신라의 선례를 따라 금관을 제작하고 착용했지만, 관의 크기나 문양이 신라와는 아주 달랐다. 신라가 나뭇가지와 사슴 뿔을 모티브로 하고 있다면, 〈가야금관〉의 모티브는 쉼표 모양의 나선문이다. 나선문은 시베리아 초원의 기마민족들이 사용했던 말안장 장식에서 찾아볼 수 있는 문양으로, 둥그스름하면서도 세련되게 미끄러지는 초승달 모양이다. 연맹 형태로 유지되었던 가야의 체제 때문에 대가야 왕의 세력은 신라만큼 크지 않았고, 때문에 〈신라금관〉보다는 크기가 작을 수밖에 없었다. 장식의 화려함이나 부장품의 종류와 양이 신라에 미치지는 못하지만, 고분 문화의 세련된 맛은 신라와는 또 다른 가야 문화만의 독창성을 보여주는 데 부족함이 없다.

〈가야금관〉은 고령 지산동 고분군의 중심에 있는 지산동 제44호분에서 출토되었을 것으로 추정되고 있다. 사적 제79호로 지정된 묘역 중 44호분과 45호분을 경북대학교와 계명대학교가 각각 맡아 발굴에 참여했다. 45호분에서는 금동관이 출토되었는데, 장식 모티브가 이병철 회장의 〈가야금관〉과 통하는 면이 많지만, 재료는 신분 표시에 있어 한 급 아래를 상징하는 금동제가 쓰였다.

〈가야금관〉을 낸 44호분은 높이 7미터, 지름 32미터로 상당히 큰 고분이었다. 하지만 신라의 경우 대형에 속하는 고분들의 높이가 24미터에 이른다는 것을 생각하면, 봉토에 들어가는 흙의 양과 토목공사 기간 등이 아마 신라 고분과는 비견할 수 없는 소규모였을 것이다. 즉, 〈가야금관〉이 출토된 고분이기는 하지만, 대중들에게 익히 알려진 신라의 고분보다는 작고 아담한 편이었음을 짐작할 수 있다.

물론 가야의 수준으로는 결코 작지 않은 규모였음에는 틀림없다. 게다가 무덤이 산등성이의 최상부에 있어, 멀리서 보기에는 어느 대형 고분에 비겨도 위축되지 않는 위용을 지니고 있다.

발굴 과정에서 석실 네 개와 20여 기의 석곽이 확인되었고, 왕과 왕비 그리고 시종들을 함께 순장한 석실봉토 무덤도 확인되었다. 드물게 순장을 확인할 수 있는 고분으로, 사람 뼈와 말 뼈가 확인되었다. 함께 묻힌 유물로 토기 30여 점과 환두대도, 화살촉 등이 수습되었지만 오래전에 이미 도굴꾼의 손을 탄 탓에 원래의 모습은 아니었다.

이 고분 주변으로 크고 작은 고분들이 산등성이를 돌아가며 들어차 있는데, 마치 오늘날의 국립묘지를 연상시키는 모습으로 그 수만 무려 1만 기에 이른다. 과거에 이 지역이 대가야 통치의 중심이었음을 보여주는 증표이기도 하다.

오랜 시간 침묵 속에 묻혀 있던 이 금관은 1971년 국립중앙박물관에서 열린 '호암 수집 문화재 특별전'에서 첫선을 보이며 세간에 공개되었다. 숙고를 거듭한 결정이었는데, 대중과 언론의 반응은 뜨거웠다.

공개가 된 뒤로 다시금 도난을 걱정해야 했다. 사실 금관 도난은 이미 한 차례 홍역을 치르기도 한 사건이라 그저 조심하는 수밖에 없었다. 여러 차례 도난의 피해를 입은 신라 금관총 출토 금관은 도난당한 뒤 여러 날이 지나도록 흔적조차 찾을 수 없었다. 다행히 도둑이 한강 모래사장에 파묻었다는 자백을 해와 겨우 되찾을 수 있었다. 금관은 이렇게 도굴과 도난 우려가 큰 유물이고, 또 국내에서도 다섯 손가락 안에 꼽히는 수집품이어서 공개 후에 경비가 대폭 강화되었다.

경비 강화만으로는 성에 차지 않았던 이병철 회장은 금관과 똑같은 복제품을 만들어 진품 대신 전시하도록 지시했다. 꽤 오랜 시간 박물관에는 복제품이 진품의 자리를 차지한 채 전시되는 기이한 일이 이어졌고, 당시 박물관을 찾은 관람객들은 대부분 진품이 아닌 복제품을 보고 돌아가야 했다.

박물관을 지키는 나로서는 참으로 난감하기 이를 데 없는 일이었다. 대중에게 유물의 진면모를 보여주어야 할 박물관이 도난을 걱정해 복제품을 전시하는 아이러니라니, 양심을 찌르는 그 갈등을 견디기가 참으로 힘들었다. 박물관으로 들어온 이상 그것은 개인의 소유가 아니라 모두의 자산이 아닌가.

이병철 회장의 금관에 대한 애착은 금관이 겪은 모진 수모에 대한 연민과 호시탐탐 노리는 호사가들과 도난에 대한 걱정으로 더욱더 커져갔지만, 무엇보다 이 회장에게 금관을 소개한 이의 과장된 수사의 영향이 컸다. 누군가가 이 〈가야금관〉이 실제보다 오래되었다고 전했고(실제 연대는 5~6세기이지만, 그는 수백 년을 앞선 최초의 금관이라며 치켜세웠다고 한다), 이 회장은 결국 금관을 늘 곁에 두고 보지 않으면 안심이 안 되는 상황에까지 이르게 된 것이다. 그런 연유로 그는 매일 아침 금관의 소재부터 확인할 만큼 〈가야금관〉에 집착했다.

하지만 누구도 이 회장 앞에서는 금관의 실제 연대를 밝히지 못했다. 나마저도 입바른 소리를 한 번 꺼냈다가 며칠 동안 눈 흘김을 당했다. 그 뒤로는 구태여 다시 이야기를 꺼내지 않았다. 대개 수집가들은 최고最高나 최고最古라는 말에 마음이 가기 마련이다. 이 회장 또한 그 믿음이 강해서 어떤 사람도 역사적 진실을 직언하려고 하지 않았다. 나의 스승인 김원룡 박사도 금관에 대해서만큼은 명확하게 이야길하길 꺼려했다. 소장자의 주장이 너무 강력해 학술적인 입장이 무의미하다고 여겼던 것 같다. 나 역시 그의 사랑을 흔들고 싶지 않아 입을 닫아버렸으나, 그저 개인적인 수준의 수집이 아닌 유물이라면, 그것이 어떤 식으로 공유되어야 하는지 한번쯤은, 아니 누군가는 그 역사적 가치를 직언해주었어야 하지 않았을까, 아쉬움이 남는다.

청자진사주전자

방탄유리에 보관하며 지킨 호암컬렉션의 자부심

1960년대에는 지금처럼 수집이 보편화되어 있지 않아 이름난 수집가들은 손가락에 꼽을 수 있는 수준이었다. 수집가들과 관련된 소식은 삽시간에 퍼져나가기 마련이었고, 그런 소문의 한가운데에 이병철 회장도 포함되어 있었다. 이 회장이 대구에서 서울로 올라온 지 얼마 되지 않았을 때부터 그가 골동품을 수집한다는 소문이 떠돌았고, 그의 수집 활동은 금세 골동품계의 핫이슈가 되었다.

그 무렵 이 회장의 집에서는 골동품만큼이나 이색적인 풍경이 펼쳐졌다. 그에게 골동품을 소개하려는 사람들이 하루가 멀다 하고 집으로 찾아와, 마치 하루 일과처럼 골동품계 인사들을 만나곤 했다. 특히 장형수라는 거간이 이 회장의 신임을 얻었다. 지금의 호암컬렉션을 만들었다 해도 과언이 아닌 〈청자진사주전자〉(국보 제133호 〈청자진사연화문표형주자靑瓷辰砂蓮華文瓢形

注子))도 그 무렵 그가 소개한 작품이다.

워낙 귀한 물건이기도 했지만, 자태를 보면 압도당하지 않고는 배길 수가 없는 특유의 분위기가 일품이다. 그렇다 보니 이병철 회장의 이 주전자 사랑도 끔찍했다. 1982년 호암미술관 개관을 위해 2층에 전시실을 마련하면서 30밀리미터 방탄유리로 쇼케이스를 제작했는데, 바로 이 주전자 때문이었다. 루브르미술관의 〈모나리자〉 경비에 비길 바가 아니었다. 이는 그저 전시에만 급급한 기존 박물관들의 사정을 생각해보면 파격적인 일이었다. 하지만 그 정도로도 불안감이 가시지 않았는지, 평상시에는 복제품으로 대체해 전시하라고 지시했다.

결국 도예가 석봉 조무호가 복제한 복제품이 전시실 한 켠을 지키게 되었다. 복제품을 만들고 싶다고 자청한 도예가가 줄지어 문의를 해와 결정이 곤란했던 기억도 난다. 무엇보다 진사의 발림을 그대로 재현해내는 것이 중요했는데, 여러 도예가의 손을 거쳐도 진품의 자태가 표현되지 않아 애를 먹던 중 결국 조무호에 의해 최종 복제품이 완성되었다.

흔히 '진사주전자'라고 부를 만큼 겉면에 진사가 듬뿍 발린 이 주전자는 13세기에 성황을 이룬 고려청자 문화를 대표하는 아이콘이다. 보통 '청자'라 하면, 철분이 조금 들어 있는 태토 위에 무늬를 새긴 뒤, 장석유를 발라 가마에서 구워낸 도자기를 말한다. 태토에 섞인 철 성분이 가마 속의 고온과 접촉하면 푸른 물빛을 머금은 청자색이 되는데, 이 색이 소위 말하는 비색(秘色 혹은 翡色)이다.

고급 청자는 고온의 환원염還元焰(속불꽃)에서 구워져 청록색을 띠지만, 더러는 저온의 산화염에서 제작되어 황색을 지니기도 한다. 같은 고려청자라고 할지라도 후대로 갈수록 청자의 색이 탁해지는 것도 큰 특징이다.

이들은 청자blue celadon라기보다는 녹자green celadon라고 불러야 할 만큼 녹조를 띠지만, 중국 청자의 전통과 기술의 연장선상에 놓고 통칭해 '청자'라고 부르고 있다.

이 주전자가 어떤 과정을 거쳐 이병철 회장의 손에 들어왔는지에 대해서는 두 가지 이야기가 있다.

첫 번째는 1970년 초 일본 '오사카시립박물관'에서 열린 경매전시 때의 일화이다. 당시 전시회의 이슈는 온통 〈청자진사주전자〉에 쏠려 있었다. 경매 전부터 주전자에 대한 세간의 관심이 워낙 뜨거워 누가 주전자를 낙찰받을지 가십이 끊이질 않았다. 주전자가 어떻게 일본으로 반출되었는지는 비밀에 부쳐져 알 수 없었지만, 사실 그 당시에는 마음만 먹으면 골동품을 얼마든지 일본으로 반출할 수 있었다. 통제가 허술하던 시절이었고, 돈만 주면 무슨 일이든 해결되던 세상이기도 했다.

낙찰가 100만 달러를 넘길 것이라는 소문이 돌면서 수집가들은 더욱 달아올랐고, 이 정보가 이 회장에게까지 들어갔다. 그는 주전자의 사진을 보고는, 더 묻지도 않고 거간을 내세워 경매에 참석하라고 지시했다. 즉시 사람을 일본으로 보내면서 무슨 일이 있어도 물건을 찾아오라고 신신당부했다.

청자진사주전자 · 국보 제133호

고려시대 ｜ 높이 33.2cm 밑지름 11.4cm ｜ 삼성미술관-리움 소장

경매가 시작되자마자 값은 천정부지로 뛰어올라 순식간에 3천만 원을 넘겼다. 경매장이 웅성거렸고, 계속해서 치솟는 경매가에 다들 흥분을 감추지 못했다. 마침내 경매봉이 땅땅 두드려졌고, 3,500만 원에 최종 낙찰되었다. 그 주인공은 물론 이 회장이 보낸 인사였고, 서울에서 그 결과를 들은 이 회장은 무척 만족해했다. 당시 국립대 입학금이 3만 원 정도였다는 것을 생각해보면 정말이지 큰 금액이었다. 물론 이제는 300억 원을 줘도 팔지 않을 물건이 되었지만, 단지 값이 문제가 아니라 이병철 회장의 애정이 그보다 엄청나게 컸던 명품이다.

골동품계에 떠도는 다른 이야기는 다음과 같다.

1963년 무렵 강화도에서 〈청자진사주전자〉 일괄품이 도굴되었다. 이 도굴품을 김재승이라는 자가 5천만 환(화폐개혁에 따르면 500만 원)에 매입했다. 그때 다른 청자들은 이미 이리저리로 쪼개져 팔려나갔는데, 이 주전자는 법적 시효를 비껴가기 위해 10년 넘게 비밀리에 소장했다. 김재승은 이 주전자 일부를 수리하기 위해 안동오(백자 재현 전문가)에게 맡겼는데 보통 때보다 훨씬 길어져 보름이 걸렸다. (물 따르는 주구의 일부와 손잡이 일부가 수리되었다는 사실을 나는 이미 알고 있었다. 아마도 전해지는 이 이야기에서 보수와 관련된 부분은 사실일 확률이 높다.)

때마침 이 주전자에 눈독을 들인 사람이 골동품상 차명호였다. 수리가 거의 끝나갈 무렵, 그는 이화여대 김활란 총장에게 이 주전자의 존재를 알렸고 이를 본 김활란 박사는 무척 탐을 내 즉시 구입하고 싶어 했다. 당시 미국 워싱턴에 있는 '프리어갤러리'가 뚜껑이 없는 또 다른 진사주전자를 소장하고 있었는데, 김 박사는 이 주전자와 보스턴의 주전자를 비교해보고 싶어서 바로 미국으로 건너갔다. 바로 그사이에 거간 장형수가 이 주전자에 대해 이병철 회장에게 알렸고, 이 회장은 두말 않고 구입 절차를 진행했다. 귀국 후 주전자가 이미 삼성으로 넘어갔다는 이야기를 들은 김 박사는 땅을 쳤고, 이 소문은 이 회장이 백지수표를 건넸다는 이야기로 증폭되어 세간을 떠돌았다.

이 주전자는 청자로는 중간 정도 크기이다. 높이 33.2센티미터, 밑굽의 지름 11.4센티미터로 상하 균형이 알맞게 잡혀 있다. 주전자 용도로 만들어졌는데, 당시 주전자는 불교 제례 의식에서 술이나 차를 따르는 용기로 사용되었다. 고려 무신정권의 최고 실력자였던 최항崔沆이 역사적인 대장경사업에 의미를 부여하는 기념품으로 여러 개를 만들도록 했는데, 미국에 1점, 독일 함부르크공예미술관에 1점, 그리고 완전한 형태로는 호암미술관에 1점이 보관되어 있다. 이렇게 세 점이 세상에 알려져 있다.

원래 도자기는 한 번에 여러 점을 구워내는데, 형태는 비슷해도 맛은 각각 다르다. 호암의 〈청자진사주전자〉는 셋 중에서도 군계일학 같은 존재이다. 전체적으로는 피어오르는 연꽃 봉오리를 표주박 형태의 주전자로 승화시켰다. 고려청자는 이런 식의 비약을 일삼아 기발한 발상으로 만들어진 다양한 작품들이 도자 장인의 위상을 뽐낸다.

피어오르는 연꽃잎을 강조하기 위해 꽃잎의 가장자리를 돌아가며 시뻘건 핏빛 진사로 마구리를 마감했고, 잎맥 사이사이에 백토로 희게 장식해 생동감을 살려내고 있다. 손잡이는 넝쿨처럼 멋을 부려 감아올렸으며 원추 모양의 뚜껑꼭지로 마감해, 전체적으로 보면 터져오르는 화사한 연꽃을 연상하도록 착안되었다.

특이한 점은 어깨에 올린 연잎을 타고 앉은 동자 조각과 손잡이에 붙인 개구리 장식이다. 동자는 중생을 말하는데, 고려 불화 〈아미타삼존도〉에 그려진 선재동자와 같은 의미가 부여되어 있다. 개구리는 물을 토하는 동물로, 조선시대 연적류에 많이 사용된 친숙한 존재이다.

만약 이 주전자에 진사가 발려지지 않았다면 그 가치는 반감되었을 것이다. 진사 안료는 고온에서 급작스럽게 휘발되어버리기 때문에 진사 기법은 도자기 제작에서 매우 어려운 고난도의 경지이다. 이병철 회장은 이 진사 기법이 중국보다 수백 년 앞서 있다는 학계의 주장에 매우 자랑스러워했다. 그런 이야기를 들을 때마다 어깨를 으쓱하며 해맑은 어린아이 같은 미소를 쏟아내던 노인의 모습이 지금도 눈앞에서 아른거린다.

현재 〈청자진사주전자〉는 리움미술관이 소장하고 있는데, 빛나던 과거와 달리 어둠 속에 조용히 진열되어 있다. 명품 중의 명품, 국보 중의 국보인 이 주전자가 마치 수줍은 처녀처럼 진열장 한쪽에 다소곳이 앉아 있다. 나는 이런 전시 방법이 안타깝다. 불교의 천국이었던 '대고려'를 생각하면 초라하기 짝이 없는 전시 방법이다. 〈청자진사주전자〉를 그저 많고 많은 청자 중의 하나로 생각할 것이 아닌데 말이다.

역사를 담은 징표로서가 아니라 유물을 나열하는 식의 심심한 진열법이 아닌가. 이렇게 전시된 유물들을 보면서 역사를 이해하고 애정을 느끼기는 어렵다고 생각한다. 어떤 이는 이런 전시 방법은 유물을 모독하는 것이라며 극단적인 거부감을 보이기도 한다. 맞는 말이다! 지금의 심심한 전시 방법은 문화의 향기를 증발시키고, 작품을 그저 옛 물건으로 전락시켜 보여주는 것에 지나지 않는다.

만약 내가 전시를 맡는다면 〈청자진사주전자〉를 위해 커다란 방 하나를 올렸을지도 모르겠다. 이 주전자를 만든 당시의 사정을 고려해 친절한 안내들을 보태고 조화롭게 배치해 그 위상을 드높이는 대형 이벤트를 기획했을 것이다. 맑은 물빛의 청자색과 연꽃 봉오리를 빼닮은 몸통, 그리고 어렵사리 완성된 진사의 발색은 무슨 일이 있어도 최대로 살려내야지 어둠 속에 두어서는 안 될 일이다. 〈청자진사주전자〉는 그저 생명이 다해버린 작은 물주전자가 아니다.

아미타삼존도

해외에서 최초로 정식 수입한 고려 국보

1979년, 일본 나라시의 박물관 '야마토분카칸(大和文華館)'에서 경매를 겸한 고려 불화 전시회가 열렸다. 당시만 해도 일본에서는 고려 불화의 실체를 인정하지 않으려는 기류가 있었다. 그래서 일본의 사립박물관에서, 게다가 '고려 불화'라는 이름을 건 전시회를 연다는 사실은 굉장히 이례적인 일이었다.

물론 30여 년 전의 일이긴 하지만, 그때까지만 해도 고려 불화에 대한 이해와 정보가 부족해 우리 전문가들의 수준도 미덥지 못한 시절이었다. 때문에 일본에서도 우리 불화를 다짜고짜 중국 불화로 치부하는 일이 많았다. 한국 문화재에 대한 뿌리 깊은 열등감 탓에 그들은 좋은 작품일수록 한국 것으로 인정하려 들지 않았다. 일본의 한국 미술품에 대한 경계와 뿌리를 부정하는 등의 치졸함이 알려지자, 우리 문화계에서도 자성의 목소리가 일기 시작했다.

　국립중앙박물관에서는 즉시 출품된 불화의 일부를 사들이자는 말이 나왔다. 친분 있는 인사를 통해 고려 불화 구입 의사를 전달했지만, 워낙 값이 비쌌다. 그러자 국립중앙박물관과 친밀한 관계를 유지하던 중앙일보 이종석 기자를 통해 삼성의 이병철 회장이 협조해주었으면 좋겠다는 요청이 들어왔다.

　당시 이병철 회장도 도쿄의 삼성 지사를 통해 불화 이야기를 전해들은 상태였는데, 문화계의 요청까지 이어지자 관심은 증폭되었다. 결국 이 회장은 개인 자격으로라도 불화 일부를 구입해야겠다고 결심하고, 비밀리에 매입 작전에 들어갔다.

　그런데 경매를 겸하겠다던 일본의 박물관 측에서 무슨 이유에서인지 갑자기 한국에는 불화를 팔지 않겠다는 이야기가 나왔다. 모르긴 몰라도 문화재 반환에 대한 기류와 한국에 대한 뿌리 깊은 열등감과 악감정이 작용했을 것이다. 또 당시 일본 여기저기에 100여 점이 훨씬 넘는 고려 불화가 존재한다는 이야기가 있었다. 고려 불화가 그렇게 많이 일본에 남아 있다는 사실 자체가 한국 국민들에게 거센 반일감정을 불러일으킬까 우려해 부러 몸을 사린 셈이었다.

　특별한 방책을 꾸리지 않으면 눈앞에서 우리의 보물을 놓쳐버릴 상황이었다. 결국 이병철 회장은 특유의 결단력을 발휘해 불화를 일단 미국으로 빼내라고 지시했다.

　당시 우리나라에는 비록 우리 문화재라 하더라도 해외 미술품 수입에 대한 통관 절차가 준비되어 있지 않았다. 상공부 고시에 미술품의 통관에 필요한 절차와 방법이 아예 들어 있지 않았던 것이다. 수입과 수출이 자유롭지 않던 그 시절 우리의 실정이었다. 그렇다고 절차를 거치지 않고 물품을 들여올 수는 없는 노릇이었다. 그때만 해도 먹고사는 일도 아닌 문화재에 대해 이러쿵저러쿵 논의하는 일이 쉽지 않았다. 결국 오랜 노력 끝에 '상공부 1호' 고시 작업을 거쳐 문화재를 역수입하는 절차를 만들 수 있었다.

하지만 아직 문화재를 들여온 것이 아니니 안심할 순 없었다. 일본은 한국 측에는 절대로 고려 불화를 넘기지 않으려고 작심하고 있었다. 그런 반한反韓 기류에 일본 골동품상들까지 동조할 만큼 당시 한국과 일본의 분위기는 요즘보다 훨씬 더 냉랭했다. 한국을 우습게 보는 것으로도 모자라 속이 빤히 들여다보이는 옹졸한 처사였지만 어쩔 수 없었다.

우리 고려 불화의 운명이 참으로 기구했지만, 미국 현지의 삼성물산 지사를 동원해 비밀리에 구입하는 방법 외에는 별다른 수가 없었다. 미국에 구입 비선을 만들어 우회 수입을 하는 수밖에 없었다.

피를 말리는 시간이었다. 우여곡절 끝에 고려 불화 두 점이 수입 절차를 마치고 우리 품으로 돌아오기까지, 문화계 인사들은 물론 삼성 측도 꽤나 애간장을 녹였다. 결국 〈아미타삼존도阿彌陀三尊圖〉와 〈지장도地藏圖〉가 우리에게로 돌아왔다. 미술품에 대한 지불로는 상당한 금액인 몇십만 달러가 지급된 결과였다.

이들 고려 불화가 과거 어떤 경로로 일본으로 흘러가게 되었는지는 모르겠지만, 역수입되어 우리 국민들에게 다시 선을 보일 수 있게 되었다는 사실에 모두의 감동과 흥분은 배가되었다. 지금이야 담담하게 지난 일을 회상하듯 쓰고 있지만, 당시 수송에 들인 노력은 영화 속 007작전을 방불케 하는 비밀작전이었다. 국내의 여건도 열악한 데다 일본 측의 방해공작까지 더해져 무척이나 애를 태웠었다.

고구려·신라·백제 삼국으로 나뉘어 있던 한반도를 하나로 통일한 것은 동남쪽에 치우쳐 있던 약소국 신라였다. 신라는 엄청난 저력으로 불교를 국교로 승화시켰고, 그 힘을 확장해나가며 불교문화를 꽃피웠다. 그리고 그 전통을 고려가 계승했다. 고려시대는 우리나라 역사의 황금기이자 문화의 절정기였다. 삼국시대 불교가 탑과 불상 등 건축이나 조형물에 치우쳐 발전했다면, 고려의 불교는 잘 알려진 대로 팔만대장경, 국왕 발원 사경寫經이나 서화書畵 등 미술의 전성기였다. 그중 고려 불화는 세계적으로도 그 예술성을 칭송받는 종교미술의 꽃이다. 티베트불교의 '탕카'가 불화로 잘 알려져 있지만, 고려 불화의 종교적·회화적 특성은 탕카를 압도하고도 남는다.

그러나 조선왕조의 불교 탄압 정책은 우리 미술의 피어나던 꽃과 싹을 사장시키는 결과를 야기하고 말았다. 실천을 중요시하는 조선의 선비문화가 신라 이래 융성했던 불교를 산속으로 내쫓았다. 이에 불교는 단순한 기복신앙으로 물러나 나이 많은 부녀들의 전유물로 전락하고 말았고, 사찰의 운영 역시 후퇴할 수밖에 없었다. 당연히 불교미술 역시 그 명맥을 잇기 어려워졌다. 사경과 불화 제작은 자취를 감췄고 훌륭한 불화 명품들마저 사라지거나 흩어졌다.

하지만 일본은 달랐다. 그들은 문화 선진국이었던 조선을 흠모해 조선의 문물을 수입하는 일에 혈안이 되어 있었다. 또한 당시 대중불교가 성행하던 일본은 불교미술품, 특히 고려 불화를 천하제일로 여기며 앞다퉈 수거해갔다. 그렇게 왜구의 노략질로 넘어간 불화가 한둘이 아니었다.

그 뒤 오랫동안 불화는 한국에서, 그리고 세상에서 잊혀졌다. 추방당하다시피 일본으로 가 자취를 감추었던 고려 불화가 야마토분카칸의 '고려불화전'을 통해 다시금 그 가치를 인정받게 된 셈이었다. 역수입된 〈아미타삼존도〉는 통관 직후인 1984년 문화재위원회를 통해 곧장 국보로 지정되어(제218호) 그간의 고충과 가치를 보상받았다. 함께 수입된 〈지장도〉는 보물 제784호로 지정되었다.

불교의 교화용으로 만들어진 〈아미타삼존도〉는 정토신앙의 모습을 담고 있다. 아미타불을 염송함으로써 극락정토에 왕생한다는 교리를 담았다. 우리가 곧잘 무의식중에 읊조리곤 하는 '관세음보살 나무아미타불' 속 아미타불이 바로 부처 아미타여래를 가리킨다. 불화에서 아미타여래는 좌우에 보살들을 비서처럼 대동한다. 이들을 '협시보살'이라 하는데, 보통 관음보살과 세지보살이 아미타여래를 보좌한다. 이 불화에서는 특이하게 세지보살 대신 저승세계를 관장하는 지장보살이 등장하는데, 여기에는 죽음 이후를 대비하고자 하는 중생들의 마음을 어루만져주려는 의도가 담겨 있다.

〈아미타삼존도〉는 이름처럼 아미타여래를 포함해 세 분의 존귀한 존재를 모신 그림이다. 삼존 형식은 불상이나 불화에서 많이 사용되는 구도이다. 주존主尊인 아미타여래를 가운데, 좌우에는 그를 보좌하는 두 보살을 모셨는데 좌측에 관음보살, 우측에는 지장보살을 배치했다. 세 분은 각각 다른 역할을 담당한다. 아미타여래는 '아미타불' 하고 외칠 때 볼 수 있듯이 중생들을 보살피고 극락세계로 인도해 영접하도록 하는 역할인데, 머리의 계주髻珠에서 한줄기 빛을 내뿜어 광명세계로 인도한다. 관음보살도 중생들이 '관세음보살' 하고 되뇌면 바로 나타나 중생을 이끄는 역할을 하는데, 허리를 굽혀 길을 안내하는 모습을 그렸다. 손 위에 연꽃 대좌를 들어 중생을 유도하고 있다. 지장보살은 중생들이 사망한 뒤에 이끄는 역할을 맡는데, 오른손 위로 커다란 보주寶珠를 들고 있다.

좌측 아래에는 약한 중생을 대표하는 존재로 기도하는 선재동자를 배치했다. 원근법과는 다른 효과를 내는 대소大小 묘사법의 구성으로 이상세계를 향하고자 하는 중생의 마음을 가득 담았다. 바탕에는 화려한 적색을 써서 장엄함을 드높이고, 부처의 옷자락이나 문양에는 화사한 금가루를 사용해 묘사함으로써 고려 불화의 특성을 잘 드러내 보이고 있다. 채색에는 뒷면으로부터 우러나오는 복채법伏彩法을 사용했다. 은은한 색은 시공을 뛰어넘어 다른 불화가 감히 범접하기 어려울 정도로 깊고 오묘한 분위기를 부여하고 있다.

〈아미타삼존도〉는 고려 불화의 독창적인 아름다움이 담뿍 담겨 있는 작품이다. 어느 절에 어떤 경로로 봉납되었는지를 알리는 발문이 지워져 아쉬움이 남긴 하지만, 아미타신앙의 꽃이라 할 수 있을 만큼 아름답고 장엄하다.

고려 불화의 아름다움은 엄숙한 정신세계를 기본으로 한 회화적 세련미에 있다. 고려 불화는 단순히 벽면을 장식하는 목적으로 만들어진 다른 시대의 불화들과는 달리 고도의 회화적 완성도를 지니고 있다. 중세 기독교 벽화 등 경색된 종교미술을 뛰어넘는 훌륭한 예술성을 자랑한다. 종교를 넘어 오직 예술성의 측면에서만 살펴보더라도 고려 불화는 타의 추종을 불허하는 명품 예술이다. 또한 고려라는 한 시대를 풍미했던 정신사조로도 손색이 없다.

이렇듯 역사적으로는 물론 예술적으로도 훌륭한 가치를 자랑하는 우리의 문화재를 빼앗기는 줄도 모르고 일본 등 다른 나라에 헌납하고 다시 고가에 구입해 들여오는 역사가 반복되어서는 안 될 것이다.

금동대탑

반환소송에 휘말렸던 국내 유일 금속제 대형 탑

　　2011년 1월 8일, 문화재 반환을 둘러싼 한 소송에서 흥미로운 대법원 판결이 내려졌다. 조계종 산하의 개태사가 삼성문화재단을 상대로 "국보 제213호 〈금동대탑〉을 돌려달라"며 낸 소송에서 원고 패소 판결을 내린 것이다.

　　개태사는 2009년 6월에 "삼성문화재단이 운영하는 리움에 전시된 〈금동대탑〉은 1960년대 초 개태사 부지에서 출토됐다"는 주장을 근거로 소송을 냈는데, 약 1년 반 뒤 위와 같은 판결을 통해 소송은 종결되었다.

　　충남 논산의 개태사는 고려 태조가 창건한 사찰로 일제강점기에 중창되었는데, 1960년대 초 북쪽으로 500미터 정도 떨어진 사찰 부근 밭에서 〈금동대탑〉의 부재들이 출토되었다는 말이 전해지긴 했지만, 그 기록이 제대로 남아 있지 않아 근거를 밝히기는 어려웠다.

이미 1심과 2심에서 재판부는 "제작 연도나 소유자, 보관 장소 등에 대한 구체적인 자료 없이 〈금동대탑〉이 개태사 절터에서 출토되었다는 이야기만으로 소유자를 개태사로 결정할 수는 없다"며 원고 패소 판결을 한 바 있다. 이를 추인한 대법원의 최종 판결은 여러 가지 면에서 중요한 시사점을 가지고 있다.

이 판결은 땅에서 보물이 출토되었을 때, 출토 시점의 땅 소유자가 보물의 원주인이 되는 것인지, 아니면 출토된 이후 정상적인 방법을 통해 구입·관리하고 있는 자가 주인인지를 가르는 중요한 판례가 되었다. 물론 대법원의 판결만으로 어느 한쪽의 손을 들어주기에는 아직 미진한 구석이 남아 있지만, 만약 정상적인 경로로 입수된 박물관 유물이 소유권 분쟁에 휘말리게 된다면 엄청난 혼란을 야기할 수밖에 없으므로 이 판례는 무척 중요하다고 할 수 있다.

국내 유일의 금속제 대형 탑인 〈금동대탑〉은 1984년 국보 제213호로 지정되었다. 규모가 워낙 커서 중국이나 일본에서도 찾아보기 어려운 대형 탑이다. 고려의 금속 가공 기술이 어느 정도였는지를 보여주는 이 유물은 탑으로서는 매우 이례적인 예에 속한다.

요즘 도처에 십자가가 보이는 것처럼 고대에는 가는 곳마다 탑이 넘쳤다. 두말할 것도 없이 우리나라는 탑의 나라였다. 대부분은 석탑이었는데, 이웃인 중국은 벽돌로 만든 전탑이, 일본은 일반적인 목조건물 즉 목탑이 대세를 이루었다.

석탑이 주를 이루던 시대에 주물과 가공이 용이한 청동으로 제작된 〈금동대탑〉은 단연 이례적이다. 다른 탑들이 신앙의 대상이라면 금박으로 표면을 장식한 금속탑은 기념비적인 사리탑 혹은 사찰 내의 장엄용 장식품이었다. 지금까지 알려진 금동탑은 대부분 30센티미터 내외의 작은 것들로, 더 크더라도 50센티미터를 넘는 것은 매우 드물었다. 그런데 이 탑은 부속을 합친 전체 높이가 무려 155센티미터나 되는 대형 탑으로, 금속으로 만들어진 탑 중에서는 단연 독보적이다.

고려 초 10세기 무렵에 제작되었을 것이라는 학술적인 견해와, 고려 태조 왕건의 창건 비화가 서려 있는 개태사에서 출토되었다는 주장을 바탕으로, 이 탑은 고려의 개국과 관련된 대규모 불사였음을 짐작할 수 있다.

현재 남아 있는 탑신은 모두 5층으로, 원래는 7층 혹은 9층으로 제작되었을 것으로 추정된다. 아마도 9층탑이었을 가능성이 높다. 상륜부의 장식 일부가 사라진 것을 고려할 때, 전체 높이는 지금보다 훨씬 높은 2미터를 상회했으리라고 추측할 수 있기 때문이다.

탑 전체는 각 층과 상륜부가 각각 한 층씩 따로따로 제작되어 조립되었다. 현재는 2층의 기단을 아래에 두고 그 위에 5층의 탑신을 세웠는데, 이는 고려 석탑의 일반적인 형태다. 수미좌須彌座를 본떠 만든 정방형의 기단을 살펴보면, 네 모서리와 각 면에서 목조건축에서 볼 수 있는 기둥 모양을 찾아볼 수 있다. 법주사 팔상전과 같은 목탑을 그대로 옮겨놓은 듯한 모습이다. 기둥 사이는 직선무늬와 연주문을 알파벳 X자 모양으로 채워 벽을 이루었다.

금동대탑 · 국보 제213호
고려시대 | 청동에 도금 | 높이 155cm 지대63×63cm | 삼성미술관-리움 소장

아래층 기단의 윗부분에는 당초무늬가 장식된 난간을 세웠으며, 아랫부분에는 둥근 테를 두른 연꽃과 안상眼象을 새겼다. 이 역시 고려 석탑의 전형을 충실하게 따른 부분이다. 기단 위에는 난간을 두르고 탑의 몸체를 세웠으며, 1층 탑신 아래에 탑 내부로 향하는 계단과 출입문, 그리고 기둥을 두었다. 2층부터 5층까지의 탑신에는 각각 불상을 두었는데, 2층은 1면에 4구씩, 3~4층에는 3구, 5층에는 2구씩 볼록하게 조각했다. 이는 외부의 침략으로부터 나라를 보호하려는 발원자의 뜻을 살린 것으로 보인다.

지붕은 겹서까래 처마와 기왓골, 잡상, 용머리, 풍탁 등을 실감나게 담아냈다. 각 지붕의 모서리에 풍경을 달아 실제 사용 가능한 건물의 분위기를 그대로 옮겨놓은 듯하다. 2층부터는 탑신의 높이가 아래층에 비해 일정 비율로 줄어드는 현상이 보인다. 이는 무게중심을 고려해 탑에 안정감을 부여하고자 했던 고대 탑 조성 방식의 법칙 때문이다. 상륜부에는 노반과 복발, 앙화 등의 장엄 장식이 차례로 있다. 그 위에 보주가 남아 있는데, 일반적인 탑의 상륜부 장식 방법이기도 하다.

표면에는 본래 두텁게 금칠이 되어 있었는데, 세월이 지나면서 거의 벗겨져 일부 그 흔적만 남아 있다. 그러나 초기 봉납 시에는 화려한 금빛으로 찬란한 위용을 뽐냈으리라 짐작된다.

이렇듯 〈금동대탑〉이 여러 층으로 구성되어 있다 보니 전시할 때마다 애를 먹기 일쑤였다. 있는 그대로를 보여주는 것이 최상의 전시 방법이지만, 때로는 실제보다 더 우람하고 아름답게 보이도록 전시 기술을 활용하기도 해야 한다.

가장 큰 문제는, 이 탑을 그대로 노출시키느냐 마느냐였다. 당시 우리의 고민은 재료가 청동이라는 점이었다. 자연 노출할 경우 청동이 녹아 녹이 생기거나 상태가 불안정해질 수 있었다. 물론 보존과학연구실에서 처방을 내려 대처하기는 했지만 아무래도 불안했다.

출토 당시 있었던 화재로 탑 한편이 기우뚱한 점도 문제였다. 중심 잡기가 쉽지 않았다. 사실 지금의 리움미술관이 전시에 있어서 거의 모든 문제를 해결하고 완벽한 상태로 전시할 수 있게 된 것은 이때의 경험을 토대로 해법을 고민해온 결과라고 할 수 있다.

신라사경

실수로 사라질 뻔한 특급 명품

1970년대 후반의 일이다. 경주 일대에 엄청난 보물이 돌아다닌다는 소문이 돌았다. 제보자는 모 신문의 기자였는데, 그런 경우는 보통 진위를 가리기가 쉽지 않아 구입이 주저된다. 그러던 어느 날 경주에서 골동품상을 운영하던 모씨가 찾아왔다. 그는 당시 소문으로만 돌던 그 '엄청난 유물'에 대한 이야기를 전해주었고, 나는 단박에 예사 물건이 아님을 직감할 수 있었다. 일사천리로 구입이 이루어졌다. 유물은 구입 직후 바로 국보 제196호로 지정되었다. 바로 〈신라사경寫經〉 일괄품이다.

이런 유물은 보통 탑의 사리함에 봉납되거나 부처의 복장품으로 부장되곤 하는데, 공식 명칭은 〈신라 백지묵서 대방광불화엄경新羅白紙墨書大方廣佛華嚴經〉으로, 주본周本 권 1~10, 44~50 두 축과 두 쪽 난 표지 그림이다. 국보로 지정된 이후에는 함부로 내놓을 수 없는 유물로 특급 대우를 받고 있지만, 당시 나를 찾아왔던 골동품상 주인은 허드레 물건처럼 허름한 보자기로 둘둘 싸가지고 왔었다. 그가 유물의 진가를 알았다면 엄청난 대가를 요구했을 텐데, 운 좋게도 당시 일상적으로 거래되는 골동품보다 크게 비싸지 않은 값을 지불하고 구입할 수 있었다. 전문가들의 정밀 감식을 거친 후 유물의 가치는 격상되었고 최고 명품으로 분류되었다. 정말 뜻밖의 소득이었다.

〈신라사경〉의 출현은 고대를 여는 열쇠였다. 사경의 표지는 화엄경의 여러 장면을 묘사한 화엄변상도로, 현재까지 남아 있는 신라 회화 자료로는 유일했고, 회화적 완성도 또한 무척 높아 미술사적으로도 중요한 가치를 지녔기 때문이다.

두루마리 형태의 이 사경은 입수 당시 두 축과 쪼가리 그림으로 구성되어 있었다. 축 하나는 상태가 매우 좋았다. 바로 권 44~50인데, 함께 있어야 할 41~43은 아마 중간에 없어진 것 같다. 이 축이 중요한 의미를 갖는 것은, 보존 상태가 대단히 좋아 종이의 질은 물론이고 사경의 글자 획까지도 분명히 알아볼 수 있기 때문이다. 또한 끝머리에 14행의 긴 발문이 붙어 있는데, 이를 통해 경을 만든 방법을 상세하게 알 수 있었다. 이는 당시의 봉납 상황을 검증하는 데 좋은 사료가 되었다. 상태나 내용이 너무 좋다 보니 가짜라는 소문이 돌 지경이었다.

다른 한 축은 일부 손상된 데다 떡처럼 뭉개진 상태로 입수되어 쉽사리 손을 대기가 어려웠다. 결국 교토에서 초빙한 종이 전문가의 세밀한 보존 처리를 거쳐 지금의 모습을 유지하고 있다.

두루마리 자체는 세로 29센티미터, 가로 1,390.6센티미터로 가로로 매

如有醫王善方術　若有見者病皆愈　命雖已盡藥塗身　令其作務悉如應
最勝醫王亦如是　具足方便一切智　以昔妙行現佛身　衆生見者煩惱滅
譬如海中有寶王　普出无量諸光明　衆生觸者同其色　若有見者眼清淨
最勝寶王亦如是　觸其光者悉同色　若有得見五眼開　破諸塵闇住佛地
譬如如意摩尼寶　隨有所求皆滿足　少福衆生不能見　非是寶王有分別
善逝寶王亦如是　悉滿所求諸欲樂　无信衆生不見佛　非是善逝心棄捨

大方廣佛花嚴經卷第五十

天寶十三載甲午八月一日初乙未載二月十四日一部周了成內之成內願旨者皇龍寺緣起法師爲內賜第一恩賜父願爲內
弥第二法界一切衆生皆成佛道欲爲以成賜乎經成內法者楮根中香水散尓生長令內弥然後中若楮
皮脫那脫皮練那紙作伯士那經寫筆師那經心匠那佛菩薩像筆師走使人那菩薩戒授令弥齋食弥
右諸人等若大小便爲哉若師宿哉若食喫哉爲者香水用尓沐浴令只但作ㄷ處中進在之經寫
時中並淳淨爲內新淨衣褌水衣臂衣冠天冠等莊嚴令只者二靑衣童子灌頂針捧弥又
靑衣童子著四伎樂人等並伎樂爲弥又一人香水行道中散弥又一人花捧行道中散弥又一
法師香爐捧引弥又一法師梵唄唱引弥諸筆師等各香花捧尓右念行道爲作處中至者三歸依尓
三反頂禮爲內佛菩薩花嚴經等供養爲內以後中坐中昇經寫在如經心作弥佛菩薩像作時中靑衣
童子伎樂人等除余淳淨法者上同之經心內中一收舍利尓入內如
我今誓願盡未來　所成經典不爛壞　假使三災破大千　此經與空不散破　若有衆生於此經　見佛聞經敬舍利
發菩提心不退轉　修普賢因速成佛　紙作人仇叱珍兮縣黃珍知奈麻　經筆師武珍伊州阿干奈麻異純韓舍　今
毛大舍　義七大舍　孝赤沙弥南原京文英沙弥　卽曉大舍　高沙夫里郡陽純奈麻　仁年大舍　屎烏大舍　仁節奈麻
經心匠大京　能吉奈麻　亐古奈　佛菩薩像筆師同京　義本韓奈麻　丁得奈麻　夫得舍知　豆烏舍　經題
筆師同京　同智大舍　六頭品　父吉得阿飡

爾時普賢菩薩摩訶薩告諸菩薩言佛子菩薩摩訶薩有十種通何者為一佛子菩薩摩訶薩以

心智通知三千大千世界衆生心差別所謂善心不善心廣心狹心大心小心順生死心背生死心聲聞心獨覺心菩薩心聲聞行心獨覺行心菩薩行心

心乾闥婆心阿修羅心迦樓羅心緊那羅心摩睺羅伽心王心非王心自在心不自在心

如是百世界千世界百千世界百千億那由他世界乃至不可說不可說佛剎微塵數世界中所有衆生心悉分別知如是一切

衆生心菩薩摩訶薩以無礙清淨天眼智通見無量不可說不可說佛剎微塵數世界中衆

生死此生彼善趣惡趣福相罪相或好或醜或垢或淨如是品類無量衆生所謂天衆龍

衆夜叉衆乾闥婆衆阿修羅衆迦樓羅衆緊那羅衆摩睺羅伽衆王衆非王衆王眷屬衆

衆善薩衆大身衆小身衆如是種種衆生衆中以無礙眼悉皆明見隨所積集業隨

衆樂欲心隨分別見隨言說隨因隨業隨所緣隨所起悉皆見之有諸衆生

菩薩摩訶薩以宿住隨念智通能知自身及不可說不可說佛剎微塵數

菩薩第二元礙天眼智神通

佛子菩薩摩訶薩以宿住隨念智通能知自身及不可說不可說佛剎微塵數劫宿住之事所謂某處生如是名如是姓如是

種族如是飲食如是苦樂從无始來於諸有中以因以緣展轉滋長次第相續輪迴不

種種品類種種國土種種形相種種業行種種結使種種心念種種因緣受

生如是最勝二大弟子於如是成邑如是出家於如是佛所淨修梵行如是侍者如是

所佛剎微塵數諸佛一一佛如是名號如是出興如是衆會如是父母如是侍者如是

聞如是最勝二大弟子於如是成邑如是出家如是利益介所衆生於介所時住於壽命施作如是事

塵如是座演說如是若干經典如是利益介所衆生於介所時住於壽命施作如是事

第事亦無餘衣服飲食湯藥資緣悉皆具足如是一切悉能憶念

우 긴 사경이다. 여러 장의 한지를 이어서 만들었고, 종이는 전통 닥종이다. 표지 그림도 닥종이에 향을 뿌리고 자색이 나도록 염색을 했다. 경의 끝은 붉은 나무 축으로 마감했는데, 축의 안쪽에 수정으로 보이는 사리가 여러 알 들어 있다.

문서 형태로 쓰여진 묵서墨書는 현존하는 최고의 신라 글자로 평가되며, 글씨체는 같은 시기 당나라의 경서체보다 훨씬 유려하고 또박또박 쓰여진 해서체다. 이는 그동안 우리가 몰랐던 신라 서예의 진면목을 보여주었다. 경서를 필사한 승려의 글씨가 이 정도라면 서성書聖 김생金生으로 대표되는 신라 서예인의 글씨 수준이 어떠했을지 짐작하고도 남는다.

표지에는 은가루로 수호신인 금강역사가 그려져 있다. 연꽃 받침 위에 발을 얹은 금강역사를 중심으로 주변에 보상화를 가득 채웠다. 뒷면에 해당되는 속표지에는 금가루로 보광명전의 설법 광경이 그려져 있다. 사자자리 위에 앉은 보살을 비롯해 여러 보살들의 모습이 화려하게 묘사되었다. 고분에서 천마도 말다래가 출토되어 신라 회화의 모습을 보여주긴 했으나 이는 장송용 부장품이어서 이 사경의 그림과는 차원이 달랐다. 또 우리나라에는 연대가 확실히 밝혀진 금석문이 많지 않다. 그런 의미에서 이 〈신라사경〉은 더더욱 중요한 가치를 지닌다.

권말의 발문에는 신라 경덕왕 13년(754) 황룡사의 연기법사緣起法師가 부모를 위해 이 경을 만들었다고 적혀 있다. 754년이라는 분명한 연도, 그리고 시주 발원을 올린 인물과 발원 이유 등이 명확하다. 또한 당시 이 사경 제작에 참여했던 관련 종사자의 명단이 기록되어 있어, 그야말로 보물 중의 보물이라고 할 수 있다.

사료로서의 중요성은 여기에서 그치지 않는다. 종이를 만든 지작인, 경문의 글씨를 쓴 경필사가 광주, 남원, 고부 등 전라도 사람들이라는 기록까지 있어 사경 자체가 그 지방에서 만들어진 것으로 확인할 수 있다.

그런데 경심을 만들고 불보살을 그린 사람, 경의 제목을 쓴 사람 등은 경주의 인물들로 기록되어 있다. 특히 사경의 제목을 쓴 이는 신라 6두품으로 12등의 관등 대사大舍를 지낸 부길득아손父吉得阿湌이라고 명시되어 있는 점이 무척 흥미롭다.

그러니까 풀어쓰자면, 고상한 일은 왕도 경주의 고위 관직에 있는 인물이 하고, 일상적인 제작은 지방 인물들의 힘을 빌렸다는 뜻이다. 철저한 계급사회였던 고대 신라의 분위기가 이 사경 제작에 참여한 인물들을 통해 생생하게 드러나고 있는 것이다. 이는 다시 신라 두품제 연구의 사료로서도 충분한 가치가 있다고 할 수 있다.

문화재위원회에서 국보로 지정해 지금은 그 가치를 보호받고 있는 이 보물에는 사실 알려지지 않은 이야기가 하나 더 있다. 당시 골동품상에게 물건을 구입하지 않았더라면 그대로 가짜로 몰려 빛도 보지 못할 뻔한 것이다.

당시에는 수집에 대한 인식이 일반적이지 않았고, 위조된 골동품들이 워낙 판을 치고 있어서 문화재위원회도 누구의 말을 어디까지 믿어야 좋을지 쉽게 판단하지 못했다. 고미술에 남다른 눈을 가졌던 김원룡 박사가 이 사경을 보자마자 단박에 보물임을 알아보았던 것이 그야말로 큰 행운이었다.

김원룡 박사는 고고학자였지만 조선시대 금속활자를 책으로 엮어낼 만큼 서예사에도 일가견이 있었는데, 이 사경의 글씨체를 보고는 "허 참! 허

참!"을 연발했다. 워낙에 다혈질이라 한번 흥분하면 옆에서 말리기가 쉽지 않았는데, 할 말을 잃고 감탄만 하던 그는 결국 혼자서 위원회 회의를 주도하며 흥분을 감추지 못했다.

비록 하나의 유물이지만, 그 유물 하나가 지니는 역사적 가치는 이처럼 엄청날 수 있다. 수집의 매력은 바로 이런 것이 아닐까. 역사를 온몸으로 품은 것 같은 희열과 영구히 보존한다는 뿌듯함. 〈신라사경〉은 바로 그 희열과 뿌듯함을 알려준 수집품이다.

군선도병풍

천재 화가의 걸출한 기량이 빛나는 역작

단원 김홍도는 조선시대 천재 화가로 첫손에 꼽힌다. 도석인물화•道釋人物畵()의 대표 격인 〈군선도병풍群仙圖屛風〉(국보 제139호)은 단원의 그림 실력이 유감없이 발휘된 불후의 명작이다. 그림의 크기는 세로 132.8센티미터 가로 575.8센티미터로, 원래는 전지 한 장 정도의 크기를 이어 여덟 폭으로 완성되었다.

단원의 나이 31세 때 그려진 이 작품은 병풍용 그림으로, 크게 세 그룹의 신선들로 구성되어 있다. 화면 왼편 끝 하단에 '병신춘사丙申春寫 사능士能'이라는 글씨가 적혀 있고, '김홍도인'과 '사능'이라는 두 개의 도장이 아래위로 찍혀 있다. 사능은 어렸을 때 불리던 그의 자字이다.

• 불교나 도교에 관계된 초자연적인 인물상을 표현한 그림

1776년에 그려진 이 그림이 어떻게 후대에 전해졌는지 자세한 기록은 없다. 일제강점기에 합천 부자 임상종이 소장했다는 사실이 최초로 알려진 내용이다. 서화 골동품에 깊이 빠졌던 그는 고서화를 많이 모았다고 한다. 그러다가 눈덩이처럼 불어난 빚을 갚지 못해 고리대금업자 최상규에게 이 그림을 포함해 300여 점의 고서화를 넘기지 않으면 안 되었다. 최상규는 그림을 몰라 돈으로 바꾸기 위해 그림을 내놓았는데, 그 소식을 들은 민규식(명성황후의 친족 민영휘의 차남)이 넘겨받았다.

〈군선도병풍〉은 신선들의 이야기를 그린 작품이다. 그림은 오른쪽에서 시작해 왼쪽으로 가면서 크게 세 장면으로 구분해 볼 수 있다. 조선시대에는 한자의 구성대로 위에서 아래로 읽고, 책을 엮을 때도 오른쪽에서 왼쪽으로 가도록 매었다. 때문에 모든 그림도 오른쪽에서 왼쪽으로 보도록 그려졌다. 우리가 옛 그림을 볼 때에는 반드시 우-좌 그리고 상-하의 순서를 염두에 두어야 한다. 왼쪽에서 오른쪽으로 가는 것은 서양 문물이 들어온 요즘의 습관이다.

이 작품에는 무려 열아홉 명의 신선이 등장한다. 이들은 모두 왼쪽 끝에 있는 여신 서왕모의 잔치에 초대받아 가는 길이다. 그림의 핵심을 이루는 여신이 오른쪽을 바라보고 있는 반면 초대받은 다른 신선들은 모두 왼쪽을 향하고 있다. 외뿔소도 나귀도 움직이는 방향은 모두 서왕모가 있는 왼쪽을 향하고 있다.

〈군선도병풍〉은 지금 세 부분으로 나뉘어 표구가 되어 있지만 원래 여덟 폭의 그림으로 각각 그려져 연결 병풍으로 제작되었을 것이다. 종이 바탕에 먹과 맑은 채색으로 그려졌고, 그림의 상태는 매우 좋으나 연결 폭의 네 번째 그림은 손상이 된 듯 그림이 끊겨 보인다. 아마 민규식 가족이 일본으로 그림을 보내 가고오고 하면서 손상되었을 것으로 보인다.

그림의 전체 구성은 크게 세 부분으로 나뉘는데, 오른쪽의 외뿔소를 중심으로 노자老子 등을 그린 한 무리와, 가운데 장과로 일행 그리고 여신 서왕모를 중심으로 하는 마지막 부분이다. 오른쪽의 열 명 중에는 푸른 소를 탄 노자와 옆에 복숭아를 들고 있는 소년 동방삭, 두건을 쓴 종리권, 두루마리에 붓으로 글을 쓰고 있는 문창이 한데 어우러져 있고, 가운데에는 나귀를 거꾸로 탄 장과로와 옆에서 딱따기를 치는 조국구, 악기를 들고 있는 한상자를 그렸으며, 마지막으로 왼쪽 여신부에는 바구니를 든 마고와 복숭아를 지고 있는 하선고를 그린 것으로 추정된다.

이 그림이 그려진 목적은 불로장생을 기원하는 것이다. 주문에 의해 그려지는 도석인물화는 대개 불로장생을 기원하는 취지와 목적으로 그려지는데, 이 〈군선도〉의 경우는 화원으로 활동 중이던 단원이 궁중의 장식용으로 그렸을 가능성이 높다.

불로장생한다는 신선은 모든 사람에게 선망의 대상이다. 실제 존재하지는 않지만 누구나 신선처럼 늙지 않고 오래 살기를 바란다. 그런 염원은 왕실에서도 마찬가지였다. 더구나 조선시대는 지금처럼 의약이 발달하지 않아 더욱 그랬다. 때문에 왕실에서는 궁중화원을 시켜 많은 신선도를 제작하게 했다. 그림을 좋아했다고 전하는 숙종은 신선도를 즐겨 보았고 그런 취미는 대를 이어 정조 대까지 이어져 신선도가 유행하게 되는 기틀을 마련하였다.

정조의 총애를 한 몸에 받았던 김홍도 역시 신선도를 많이 그려냈다. 어느 날 정조는 그에게 해상의 군선을 그리라고 명했고, 단원은 진한 먹물을 준비해 옷깃을 여미고 비바람 몰아치듯 붓을 휘둘러 파도와 신선을 그려

군선도병풍 · 국보 제139호

김홍도 | 조선시대 | 종이에 수묵담채 | 132.8×575.8cm | 삼성미술관-리움 소장

김홍도필 군선도병풍

부분 1

김홍도필 군선도병풍

부분 2

김홍도필 군선도병풍

부분 3

김홍도필 군선도병풍

부분 4

냈다. 조희룡이 기록한 《호산외사壺山外史》에 전하는 내용이다.

단원은 필력이 넘치던 30대에 신선도를 많이 그렸는데, 특히 여럿을 함께 모아놓은 군선도를 즐겨 그렸다. 그는 역관 이민식이 그림을 좋아하자 그에게 신선도 8폭 병풍을 그려주기도 했다고 한다. 궁중화원이지만 틈틈이 사대부나 재력가의 요청에 따라 신선도를 그려주기도 했던 것이다. 그 결과 단원의 작품으로 전하는 신선도가 여러 곳에 나뉘어 남게 되었다.

인물화는 기본기가 갖춰진 실력파 화가들만이 그려낼 수 있는 분야이다. 특히 동양의 인물화는 흰 바탕에 먹으로 그려지기 때문에 수정이나 덧칠이 어렵고, 그래서 화가들의 묘사 능력을 대번에 짚어낼 수 있는 화목畵目이라고 말할 수 있다. 서양의 유화는 수정에 수정을 더해 생생한 실감을 부여하지만 화가의 기본 실력이 한눈에 드러나지는 않는다.

그에 비해 우리의 인물화는 특히 대상의 표정이나 주름 등으로부터 굽이치는 옷자락의 하늘거림까지 리얼하게 표현하지 못하면 그림으로 치지 않았다. 유명한 공재 윤두서의 〈자화상〉을 오래 들여다보고 있노라면 쩌릿한 전율마저 느껴지는 것은, 실제 인물과 얼마나 닮았느냐보다 수염 한 가닥까지 원래대로 옮겨내고자 했던 화가의 마음가짐과 그에 따른 섬세하고 뛰어난 묘사력을 발견하게 되기 때문이다.

이 〈군선도병풍〉은 비록 실제 인물을 그린 그림은 아니지만 31세의 단원이 얼마나 능숙하게 붓과 먹을 다뤘는지를 보여주는 작품이다. 또 구도나 세부 인물 묘사에 있어 타의 추종을 불허하는 김홍도만의 걸출한 기량이 보인다. 그는 신선들 각자의 역할에 따른 도상을 충실히 지키면서 세 그룹의 인물 덩어리를 자유자재로 구성해 그림 보는 맛을 배가시킨다. 인물의 구성에 있어 오른쪽으로부터 10인-6인-3인으로 줄어드는 긴박한 구성을 택해 긴장감과 밀도를 느끼게 할 뿐 아니라, 인물마다 독특한 자세와 동작을 부여해 그림 전체에 살아 움직이는 생명력을 불어넣고 있다.

인물화의 압권은 인물의 표정과 옷자락의 처리라고 할 수 있는데, 붓이 춤을 추듯이 묘사해내고 있는 각 인물들의 옷주름의 강약 표현은 이 그림에서 놓쳐서는 안 되는 포인트다. 인물들을 나이 차이에 따라 섞기도 하고 표정이나 남녀 성별에 따라 절묘하게 안배한 것도 또 다른 볼거리다. 가운데와 왼쪽의 공간에 박쥐를 그려 넣은 것은 그림의 포인트로, 그림 전체에 재빠른 운동감을 불어넣어주고 있다. 이 역시 단원의 계산에 의한 것으로, 화면 전체로 볼 때 운동감이나 생명력을 살리는 촉매 역할을 하고 있다.

"단원은 어릴 적부터 그림을 공부해 못하는 것이 없었다. 인물, 산수, 신선 등 모두 묘품에 해당되어 그와 대항할 사람이 없었다. 특히 신선과 화조를 갖고도 한 세대를 울리며 후대에 전하기 충분했다. 그림 그리는 사람은 공력을 쌓아야 비슷하게 그려낼 수 있는데, 단원은 독창적으로 알아내고 조화를 이루어내어, 천부적인 소질이 뛰어나지 않고는 그렇게 될 수 없다."

당대 석학이자 최고의 감식안을 가졌던 단원의 스승 표암 강세황이 남긴 말이다.

죽로지실

그림처럼 펼쳐낸 추사 글씨의 명품

누구나 "추사는 어렵다"고 한다. 이는 추사 김정희秋史 金正喜(1786~1856) 개인을 말한다기보다 추사 작품의 난해함이나 수집의 어려움을 이야기하는 말로, 골동품계에서는 상식처럼 굳어져 있다. 추사 작품 수집의 어려움에는 여러 가지 이유가 있겠지만, 무엇보다도 가짜가 많다는 사실에 주목해야 한다. 일반인이 고미술을 어렵게 여기거나 거리를 두는 데에는 가짜가 많다는 점도 큰 역할을 한다. 가짜와 진짜를 구분해내는 눈은 하루아침에 생기는 것이 아니어서, 추사 작품을 갖고 싶어도 자기 눈으로 감별해가며 구입하기란 거의 불가능에 가깝다. 공개적으로 검증을 해주는 장치가 없기 때문에 누구 말만 듣고 작품을 구입하였다가는 낭패 보기 십상이다. 소문에 의하면 유통 중인 추사 작품의 8할 이상이 가짜라고 한다.

추사 작품이 어렵다고 하는 데에는 또 다른 이유가 있다. 추사는 우리나라 서단을 대표하는 서예가로, 그의 작품에는 분기별로 여러 경향이 있어서 어떤 부류의 작품을 구입할지 결정하기가 쉽지 않다. 추사 전성기의 작품이라 하더라도 어떤 서법이나 서체의 작품을 갖느냐에 따라 수집의 격이 크게 달라진다. 이를 제대로 알기까지는 오랜 시간이 걸리기 때문에 일반적인 접근으로는 추사를 제대로 접하기가 어려울 수밖에 없다. 물론 값이 비싼 것도 정상적인 수집을 가로막는 벽 중 하나이다. 서화 중에서 가장 인기가 있고 값이 비싼 것이 단원과 겸재 그리고 추사이다.

어려서부터 일찍 재주를 발휘한 추사는 오랜 수련기간을 거쳤다. 청년기에는 부친을 따라 북경에 가서 중국 서예의 대가 완원阮元이나 옹방강翁方綱 등과 교유하고 사제지간의 정을 맺기도 했다. 추사의 다른 호인 완당阮堂은 스승인 완원의 '완' 자를 딴 것이다.

추사는 벗에게 평생 동안 벼루 열 개를 갈아 없애고 붓 천 자루를 닳도록 썼다고 고백했을 정도로 정진에 정진을 거듭했던 노력파이다. 타고난 천재성에 끝없는 노력을 더한 그가 이루어낸 업적은 추사체의 완성과, 대원군을 비롯해 자하 신위, 역매 오경석, 소치 허련 등 무려 3천에 달하는 추사파 제자를 키워낸 데 있다.

그의 서법은 아이러니하게도 세속적인 출셋길이 막히면서 완성되어갔다. 안동 김씨와 부딪쳐 자초한 두 번에 걸친 13년의 귀양살이는 스스로 침잠, 몰입할 수 있는 절호의 기회를 제공했고, 그 기간에 그의 진면목을 보여주는 기라성 같은 작품들이 줄을 이어 탄생했다.

추사 김정희는 1786년 충남 예산에서 경주 김씨 김노경(이조판서)의 큰아들로 태어났다. 나이 일곱에 집 대문에 '입춘대길'이라 써 붙였는데, 지나가던 정승 채제공이 글씨를 보고 찬사를 아끼지 않았다고 한다. 열네 살 되던 해 북학파의 대가 박제가로부터 글씨와 문장을 배우기 시작했다. 24세 때 생원시험에 합격하고 33세 되던 순조 19년에 문과에 급제해 암행어사까지 올랐다. 49세에는 성균관 대사성 이조참판을 거쳐 이조판서 벼슬을 하기에 이르렀지만, 안동 김씨와의 알력으로 54세에 제주도로 유배 가서 8년이나 귀양살이를 하게 된다.

이 무렵 삼국시대로부터 내려오는 우리의 서법과 중국 비문을 연구하고 자신의 필체를 살려 유명한 추사체를 완성한다. 생원시 합격 후 부친 김노경이 동지부사로 임명되어 북경에 가게 되자 자제군관으로 따라가서 옹방강과 완원을 만나 사제지간의 인연을 맺고 금석학과 실학에 눈을 뜨게 되었다. 이때 청나라의 상류사회 문화를 접하고 선비생활의 또 다른 격조의 세계인 차문화에 심취하니, 황상을 비롯하여 정약용, 초의선사 등 당대 최고의 문인들과 교유의 폭을 넓혀가게 된다.

31세 때에는 금석학과 고증학의 안목을 토대로 북한산에 올라 그때까지 고려 태조 관련 비석으로 알려졌던 북한산비를 '진흥대왕 및 중신 순수 眞興大王及衆臣巡狩'라는 구절의 해석을 통해 진흥왕순수비라고 확정해 세상을 놀라게 했다.

추사가 제주도에 유배된 지 5년째 되던 59세 때 생애 최고의 명작인

죽로지실 · 비지정

김정희 | 조선시대 | 종이에 먹 | 33×133.7cm | 삼성미술관-리움 소장

竹靈空

〈세한도歲寒圖〉(국보 제180호)를 제작해 제자인 이상적에게 건넸다. 역관으로 중국 출입이 잦았던 이상적이 북경에서 구해온 서적을 보내준 데 대한 감사의 표시로 그려준 것이다. 진경산수로 속화되었다고 믿은 당대 화단의 기류를 〈세한도〉는 문기文氣 높은 문인화로 크게 돌리는 역할을 했다.

추사는 서예가이자 뛰어난 감식안의 소유자였으며 빼어난 문인화가였다. 그는 〈세한도〉를 비롯해 난초 그림의 전설로 굳어진 〈부작란도不作蘭圖〉 등을 통해 서화일체, 즉 그림과 글씨가 하나가 되는 격조 높은 문인화의 세계를 펼쳐나갔다.

〈죽로지실竹爐之室〉은 그런 경향이 연장된 작품으로 볼 수 있다. 추사가 오랫동안 지향해온 다향茶香의 세계를 자신이 이룩한 서체를 바탕으로 문인화 그리듯 펼쳐낸 글씨의 명품이다. 크게 글자 넷을 쓰고 도장만 둘 찍었는데, 이는 다실의 현판용으로 써준 글씨여서 별도의 제발이나 첨가문이 필요치 않았기 때문이다.

〈죽로지실〉은 그림 같은 글씨다. 오른쪽에서 왼쪽으로 대나무 '죽', 화로 '로', 소유격의 '지' 그리고 집 '실' 네 자를 활기 있게 한숨에 써나갔다. '죽' 자와 '지' 자는 수직과 수평을 자유자재로 구사하는 가운데 곡선의 유연함을 보태 변화를 주었고, '로' 자와 '실' 자는 수평적인 구성 속에 글자 원형의 형태를 옮기려 했다는 점에서, 비록 글씨지만 그림 같은 분위기를 풍기는 작품이다. 전체 크기는 세로 33센티미터 가로 133.7센티미터이며, 전지 반장의 크기에 글씨는 28센티미터 정도이고, 도장 둘을 위아래로 찍어 마무리했다.

자세히 들여다보면, 죽竹은 대나무의 곧고 휜 모습을 섞어 표현하려 했다. 실제의 대나무를 보는 듯하다. 로爐는 찻물을 끓이는 화로를 형상화하려 했고, 실室은 지붕을 올린 다실의 모양을 글자로 소화하고자 했다. '대나무 장식의 화로가 있는 다실'이라는 뜻으로, 차에 박식한 벗 황상黃裳이 선물로 차를 보내오자 그에 대한 답례로 써서 보낸 다실 현판용 글씨이다. 기본은 예서풍으로 쓰여졌지만, 그림 같은 효과를 내기 위해 독특하게 해석한 자신의 필법을 가미한 작품이다.

〈죽로지실〉은 별도의 낙관이 없어 정확한 연대를 말하기는 어렵지만, 황상과의 차를 통한 교유를 생각하면 노년의 작품으로 생각된다. 추사보다 두 살 적은 황상은 다산 정약용의 제자로, 추사가 제주도 귀양에서 풀려 서울로 돌아가는 길에 제일 먼저 강진에 있던 그를 찾았을 정도로 깊이 친분을 나누던 사이였다.

그는 다인들과의 교분을 통해 차생활에 몰두하거나 초의선사 등의 승려를 통해 불교와의 인연을 이어갔다. 그의 유작 중에 불경도 보이고 염주 등의 유품이 있는 것은 당시 선비들과는 다른 면을 보여주는 사례라 할 수 있다. 다향 넘치는 선비생활 속에서 그는 북경에서 맛보았던 좋은 차를 기억해내며 우리 차의 발견과 개발에도 심혈을 기울였다. 때때로 좋은 차를 얻기 위해 지기들에게 연통을 하기도 했다.

황상과의 주고받음은 그런 문인생활의 한 단면을 보여주는데, 황상은 백적산 가야곡의 언덕 위에 '일속산방一粟山房'이라는 소박한 다실을 두고 추사에게 선물받은 〈죽로지실〉을 현판으로 걸었다.

추사는 해남 대흥사의 초의선사와도 오래 교유를 지속했다. 초의에게는 〈명선茗禪〉(간송미술관 소장)이라는 유명한 아호를 보내기도 했다. 초의가 거처한 두륜산의 일지암一枝庵도 유명한 다실이었다. 두 칸 정도의 초가로 연못이 있고 꽃을 가득 심은 전형적인 한국식 차정茶亭(차를 마시기 위한 정자와 다실)이었다.

죽로지실 같은 정자에 앉아 작설차(추사는 곡우차를 즐겨 마셨다 한다) 한잔을 음미하며 '죽로지실'의 의미를 되새겨보는 것도 삭막한 도시생활을 해소하는 길이 아닐까.

노년의 추사를 보여주는 또 다른 걸작이 리움에 있다.〈산숭해심 유천희해山崇海深遊天戲海〉. 해서체로 휘갈겨댄 득의의 작품으로, 노완만필老阮漫筆이라는 낙관이 있다. '늙은 완당이 여유롭게 휘갈기다'라는 관지의 작품을 보면, 그가 비록 관운은 없었지만 천하를 호령하고 하늘과 땅을 아우르는 선비의 기백을 펼치고자 했음을 실감할 수 있다.〈죽로지실〉이 회화적인 예서체 작품이라면,〈유천희해〉는 맘먹고 쓴 해서풍 작품으로, 명품의 첫째 반열에 넣어도 아깝지 않은 작품이다.

비산동세형동검

우리 역사의 태동을 간직한 결정적인 증거

1971년 전라남도 화순군 도곡면 대곡리에서 동네 배수로를 설치하다가 나무관이 들어 있는 석곽토광묘에서 일군의 청동유물이 발견되어 세상을 깜짝 놀라게 했다. 기원전 3~1세기 것으로 보이는 이 유물들은 그때까지 우리가 잘 알지 못했던 삼한시대의 유물들이었기 때문이다.

청동검 3점을 포함해 6종 11점의 유물들은 관련 학자들을 긴장시키기에 충분했다. 그동안 자세히 알지 못했던 세형동검 관계 유물들이 무덤의 구조를 보여주는 현장에 고스란히 남아 있었던 것이다. 이들은 대번에 뉴스 특종이 되었다. 신라 고분 발굴 이래 중요한 고고학 유물의 발견은 전 국민의 눈과 귀를 사로잡는 특급 뉴스가 되어 신문 1면을 장식하였다.

수습된 유물들은 다음과 같다.

청동검 3점: 길이 32.8cm, 29.5cm, 24.7cm

청동잔무늬거울 2점: 지름 18.0cm, 14.6cm

청동팔두령 1쌍: 지름 12.3cm

청동쌍두령 1쌍: 길이 17.8cm

청동손칼 1점: 길이 11.4cm

청동투겁도끼 1점: 길이 7.7cm

수습 후 이들은 국보 제143호로 긴급히 지정되었지만, 습득 과정은 우연한 발견으로부터 시작되었다. 이 유물들은 그해 12월 대곡리 주민 구재천 씨가 자기 집의 빗물 배수로 공사를 하다가 우연히 돌무지를 발견하고 그것을 치우는 과정에서 수습되었다. 습득한 물건들의 가치를 몰랐던 구씨는 마침 마을을 찾아온 엿장수에게 넘겼다가 뒤늦게 다시 전남도청에 신고함으로써 세상의 빛을 보게 된 것이다. 당시 국립문화재연구소에서 긴급하게 수습·발굴을 하였고, 그 후 36년이 지나서 국립광주박물관이 다시 이 유적을 발굴해 무덤의 구조를 확인하였다.

이 화순 대곡리 청동유물들의 경우처럼, 대구 비산동 유물들도 우연한 기회에 발견되었다. 1956년 지역 주민이 발견하여 수습되었다고 알려졌

대구 비산동 청동기 일괄–검 및 칼집부속 · 국보 제137-1호
대구 비산동 청동기 일괄–투겁창 및 꺾창 · 국보 제137-2호

삼한시대 | 청동 | 삼성미술관-리움 소장

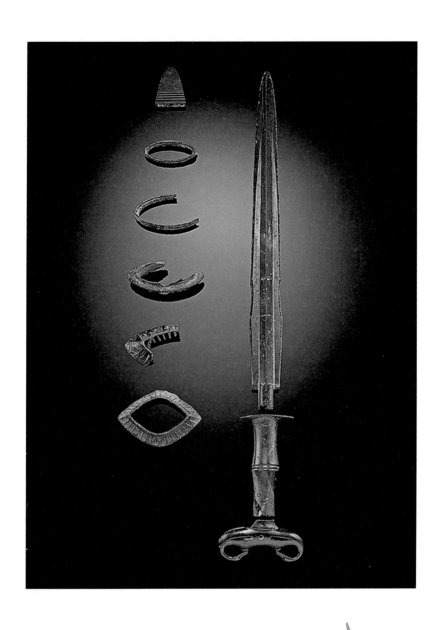
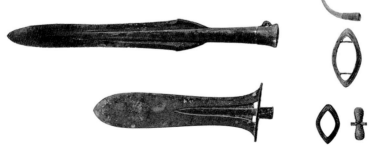

는데, 자세한 내용은 미상이다. 수습 후 일정 기간이 지나고 나서 세형동검과 검의 장식 등은 호암에 인수되었는데, 어떤 경로를 통했는지는 알 수 없다. 함께 출토된 다른 유물들은 김동현의 손에 넘어갔다가 〈고구려반가상〉 등과 함께 호암미술관에서 다시 만나 하나가 되었다. 그래서 국보 지정 번호도 137-1과 137-2로 분리 등록되었다.

국보 지정 당시의 공식 명칭과 소장자는 다음과 같다.

> 137-1호, 대구 비산동 청동기 일괄 – 검 및 칼집 부속: 소장자 이병철
> 137-2호, 대구 비산동 청동기 일괄 – 투겁창 및 꺾창(동모 및 검장) 소장자 이건희(구 김동현)

화순의 예를 통해서 보면, 창과 칼 등의 유물 외에도 많은 청동유물이 함께 수습되었을 가능성이 높다. 특히 청동거울이나 청동방울 유의 유물과 토기나 장신구 등이 함께 부장되었을 개연성이 높은데, 자세한 상황을 알 수 없다. 이를 수습한 중간상인들이 분리해서 매각했다면, 학술적인 조사가 수반되지 못한 아쉬움이 대단히 크다.

후일 출토지는 다르지만 이 시기의 유물들로 판단되는 지정문화재가 입수되었는데, 청동유물의 정수를 확보한다는 의미로 이건희 회장이 수집했다. 국보 제146호 〈전(傳) 논산 청동방울 일괄〉과 국보 제255호 〈전(傳) 덕산 청동방울 일괄〉 유물인데, 이건희 수집품에 합류하면서 소유자 명의가 변경되었다. 비록 출토지는 다르지만 세형동검과 청동방울류가 리움에 소장된 사실은 역사시대 이후 유물의 비중을 크게 능가하는 것으로 평가된다.

이런 유의 청동유물들은 이후에도 여럿 보고되었는데, 대표적인 유적으

로 대전 괴정동 유적, 예산 동서리 유적, 창원 다호리 유적 등을 꼽을 수 있다. 일부는 정식 발굴을 거쳤지만, 대부분 도굴되거나 공사 수습을 통해 산발적으로 알려져 전모를 알기가 쉽지 않다. 이들은 삼국시대에 앞서는 삼한시대의 유물로, 고고학적으로는 청동기시대에서 철기시대에 걸치는 시기의 중요한 유적·유물들이다.

이제 비산동 유적에서 출토된 대표적인 유물들을 살펴보자.

1. 청동검: 길이 33.2cm, 너비 3.1cm / 칼자루: 길이 12.5cm

전형적인 후기 형식의 청동검으로, 칼날이 길어 예리한 인상을 주고 직선적인 외형에 날 부분은 날카롭게 연마되어 있다. 특이한 점은 칼자루와 칼집에 해당되는 금구 장식이 함께 발견되어 원래의 모습을 알 수 있다는 것이다. 당시 유물로는 이채로운 일이다. 또 칼자루 끝 장식으로 서로 마주보는 오리 머리를 대칭으로 장식해 이 칼의 주인이 저 멀리 시베리아로부터 들어온 스키타이계 문화권의 인물로 추정되는 근거를 제공하고 있다. 보통 세형동검은 중국식 검과는 달리 칼자루와 칼을 따로 주조해 조립한다. 대개는 목질계의 자루를 쓰지만 이것처럼 청동 자루에 이질적인 오리 장식까지 겸한 예는 찾아보기 어렵다. 이는 당시 대구 일원을 지배하던 세력자의 무덤에서 나온 것으로 추정되는데, 삼한 사회의 한 단면을 들여다보는 것 같아 흥미롭다.

2. 동모(투겁창): 길이 67.1cm, 너비 4.2cm

보존 상태가 매우 양호하며 거의 손상을 입지 않았다. 우리나라에서 출토되는 동모(찌르는 창)의 계보는 중국에서 조형을 찾을 수 있으나, 이 창은 완전히 한국화된 정형이다. 원통형의 자루부에 꼭지가 달려 있고 중앙에서 좌우로 날이 세워져 있어 실용성이 높아 보인다. 현재까지 발견된 동모 중에서 최대급의 크기로, 동검과 함께 주인의 위세를 말해준다.

이들은 현재 고고학계에서 초기 철기시대로 상정되는 시기를 대표하는 유물들이다. 이들이 중요한 이유는 우리나라 역사시대의 시작인 삼국 이전의 모습을 알 수 있게 해주기 때문이다. 삼한시대의 한 단면을 들여다본다는 의미가 있다. 이 유물들은 중국과는 다른 계통과 경로를 가진 시베리아 이주민의 것으로, 소위 '북방 초원문화'를 대표하는 스키타이계의 영향을 보여준다는 점에서 역사적인 의의가 있다. 고구려 지역의 낙랑 문화와 남한의 삼한 문화가 단계적으로 어떻게 전개·발전되어가는지를 보여주는 역사의 고리 역할을 담당한다고 하겠다.

청동은 인류가 발명한 최초의 합금을 이용한 금속문화로, 인류 문화 발전상 중대한 의미를 갖는다. 청동 이전에도 금속이 사용되었는데, 바로 구리다. 그러나 구리 원광석을 두드려 간단한 장신구나 도구를 만드는 데 그쳤을 뿐이다. 청동은 합금을 이용한다는 점에서 구리의 사용과는 차원이 다르다. 실제 존재하는 원소가 아니라 구리와 주석, 아연, 납, 황 등의 원소들이 일정 비율로 섞여 새로운 물질로 탄생된 것이다. 세형동검은 그런 관점에서 중요한 유물이다. 금속 가공과 사용의 기술적 측면에서 청동검은 그전과는 확연히 다른 문화 단계의 유물이다.

우리나라에 금속합금시대가 있었는가를 놓고 과거 열띤 논쟁이 있었다. 석기시대가 끝나고 금속시대로 들어가는 마당에서 청동유물의 존재는 그런 시비를 말끔히 씻어내는 역할을 한다. 한때 금석병용기라는 구차한 표현으로 금속 사용 여부에 회의를 보이기도 했지만, 일단 청동유물이 발견되면 이때부터는 본격적인 금속시대가 열렸음을 의미한다. 청동 다음에는 철기가 보급되어 역사시대의 서막을 장식한다.

우리나라 청동문화는 한반도 바깥에서 시작되었다. 소위 고조선의 옛 영역에서 발견되는 많은 청동유물들은 우리나라 청동문화의 기원이 중국의 북동부 지역 고조선 영역 안에 있었음을 보여주고 있다. 한반도 내 삼한시대로 편년되는 청동문화시대는 후기에 속한다. 이 후기 청동문화 혹은 초기 철기시대를 대표하는 유물이 세형동검과 세문경 그리고 청동방울 유다.

〈비산동세형동검〉은 그런 점에서 우리나라 청동유물 계보에서 중요한 위치를 점하고 있다. 영남 지역의 여러 유적, 특히 대구 비산동이나 영천 어은동, 경주 사라리, 대구 평리동 등은 그런 청동유물을 표지 유물로 내는 대표적인 유적들로, 역사상의 진한과 관계가 있을 것이다.

청동검 제작은 뛰어난 기술을 필요로 한다. 한반도에서 일본으로 건너가 소위 야요이(彌生) 문화를 이룩한 도래인渡來人들은 원래는 시베리아에서 중국 북부를 거쳐 한반도에 들어왔다. 시베리아를 거쳐 왔다는 증거는 여러 가지가 있는데, 그중 하나가 비산동세형동검의 칼자루 끝을 장식한 마주 보는 오리다. 이는 멀리 서쪽의 스키타이 문화가 동쪽으로 이동하면서 곳곳에 남긴 동물 장식 문화의 동아시아판 유물이다. 혹은 흉노나 동호東胡 계의 문화라고도 한다.

시베리아계 이주민들은 한반도의 서북부 평안도 지역을 거쳐 일부는 육로로, 대부분은 해로로 동남쪽으로 이동해 영남 지역에 정착했다. 한반도의 서남쪽에는 마한계의 유적과 유물들이 산재해 있는데, 영남 지방의 문화와 공통점도 있지만 다른 점도 많다. 공통 유물로는 청동단검이나 무기들을 들 수 있고, 서남 지역에서는 청동방울 유가 많이 발굴된다.

〈비산동세형동검〉은 '국보'라는 사실을 떠나서도 우리 역사의 여명기 모습을 보여주는 유물로서 중대한 의미를 갖는다. 일반인이 보기에 신라의 금관이나 고려청자가 더 눈에 띌지는 모르지만, 우리 민족의 뿌리와 줄기가 어떻게 뻗어내려왔는가를 밝히는 것은 매우 중요한 일이 아닐 수 없다. 그런 관점에서 볼 때 비산동 유물의 존재는 희귀한 금속유물이 하나 있다는 의미를 훌쩍 뛰어넘는 결정적인 증거가 된다.

평저주형토기

죽은 사람의 영혼을 저승으로 운반하는 명기

1975년 6월 20일 '삼한해로답사회'에서 제작한 청운호가 인천항에서 닻을 올렸다. 열다섯 명이 탑승할 수 있는 배로, 고대 선박을 재현하여 제작했는데, 인천항을 출발해서 서해안을 따라 내려가 대마도를 거쳐 일본 서부의 후쿠오카에 도착할 예정이었다. 선체의 길이 16.5미터, 폭 2.2미터, 무게 3.9톤에 달하는 이 배는 돛을 이용해 움직이는 전통 목선이었다.

이 청운호를 출항시키기 위해 우리 측에서는 서울대 김원룡 교수가 단장을 맡아 나섰고, 일본에서는 규슈대의 오카자키[岡崎敬] 교수가 공동 단장으로서 고대에 한일 간 이루어졌던 교류관계를 증명하고자 했다. 부수적인 목적으로 전설 속의 일본 야마타이[邪馬臺]국의 수수께끼를 풀기 위한 계획도 추가되었다. 이 탐사는 《위지왜인전魏志倭人傳》의 기록에 근거하여, 대마도를 사이에 두고 낙랑·대방군과 일본 후쿠오카 사이에 이루어졌던 고대 교역의 실체를 파악하는 것이 첫 번째 과제였다.

계획은 차근차근 진행되었고, 문제는 고대 탐사의 구체적인 방법으로 서해를 거쳐 남해를 통과하는 수단을 어떤 배로 정하느냐로 귀착되었다. 논의 끝에 삼한해로답사회는 고대 도기를 모형으로 목선을 제작하기로 결정했다. 그 배의 모형이 바로 호암 소장의 〈평저주형토기平底舟形土器〉(보물 제555호 〈도기 배모양 명기〉)였다.

이 주형토기는 고대 한선韓船의 조형으로, 배의 밑바닥이 평평한 것이 특징이다. 우리 배 한선과 일본 배는 구조에서 큰 차이를 보인다. 일본 배는 밑이 뾰족해서 속력은 빠르지만 방향 전환이 어렵다. 이에 비해 한선은 배의 밑바닥이 평평해서 순식간에 회전을 해 방향 전환이 쉽다는 특성이 있다. 이는 임진왜란 때 이순신 장군이 왜적들을 물리치기 위해 사용한 전술에서 크게 빛을 발했다. 해안의 굴곡이 심하고 물살이 빠른 서해와 남해 연안에서는 한선이 그 효능을 톡톡히 발휘했고, 그런 특성이 발전하여 고대의 장보고나 고려의 해운이 크게 번성할 수 있었다.

중간 기착지에 머무는 시간을 포함해 40일이 넘는 오랜 항해 끝에, 8월 5일 청운호는 마침내 목적지인 후쿠오카항에 도착해 성공적으로 항해를 마무리지었다. 고대 선박 전문가의 자문을 거쳐 〈평저주형토기〉를 모형으로 목선을 제작해 해로 탐사에 성공한 것이다.

보물로 지정되어 있는 이 〈평저주형토기〉는 이처럼 과거 우리나라 연해를 누비고 다녔던 고대 선박의 모습을 생생하게 보여주고 있다는 점에서 큰 가치가 있다.

이 토기는 당시 사용했던 배의 축소품으로, 죽은 사람의 영혼을 저승으로 운반하는 명기明器이며 고대 신앙의 표현으로서 무덤에 부장되었다. 연대는 5~6세기로 추정되며, 가야 지역에서 출토된 것으로 보인다. 불행히도 출토에 관련된 정보가 더 없어 아쉬움이 크다. 길이는 27.9센티미터, 높이는 9.1센티미터이며 노를 거는 꼭지 일부가 파손된 것을 제외하면 상태는 좋은 편이다. 고온에서 구워 표면에 입힌 자연유가 남아 있어 이 유물이 소위 말하는 '돌처럼 단단한 석기류'에 해당하는 도기계 소산임을 보여준다. 지금까지 출토된 다른 주형토기에 비하면 길이도 꽤 되고 바닥이 수평으로 긴 편이어서 근해近海 수송용 배였던 것으로 보인다.

전체의 모양은 좌우대칭을 이루고 배의 양현兩舷 끝부분으로 가면서 점차로 길어지다가 높게 들려져서 반원형의 끝을 이루고 있다. 이 부분에 구멍이 두 개씩 뚫려 있어 가로지르는 구조물을 끼도록 고안되었음을 보여준다. 배 안에는 좌우 뱃전에 턱을 대어 좌석이 마련되어 있고, 세 곳에 칸막이가 있어 사공이 앉아 노를 젓도록 설계되었다. 배의 바깥쪽으로 지그재그 문양이 반복적으로 새겨져 있는데, 토기 표면의 터짐을 막기 위해 두드려 만드는 과정에서 새겨놓은 것으로 보인다. 흑회색 바탕의 태토 위에 어두운 녹갈색의 자연유가 덮여 있고, 부분적으로 유리질화되어 있는 표면이 눈에 띈다.

호암컬렉션에는 이 토기 외에 특이한 유물로 〈토제신발土履〉(보물 제556호 〈도기 신발모양 명기〉)도 있다. 〈가야금관〉을 비롯해 삼국시대의 고분 유물들이 주요 대상이던 시기에 함께 수집되어 오늘에 이르고 있는데, 유사한 예는 아직 찾아보기 힘들 만큼 희귀성이 있는 유물이다.

토기는 인류가 최초로 발명한 정착용 도구이다. 고대 인류가 떠돌이생활을 청산하고 정착하게 된 데에는 토기의 발명이 결정적인 사건이었다.

우연한 기회에 불 옆에 놓아두었던 흙그릇이 단단해진 것을 보고, 본격적으로 토기를 만들어 사용하기 시작했다. 토기는 인류의 일상생활을 편리하게 해주었을 뿐 아니라, 식량을 비축하는 수단으로 발전되면서 문명이 비약적으로 발전하는 전기를 제공했다. 후대에 가면서 무덤의 부장용품으로 많은 토기가 묻혔는데, 그 덕분에 우리는 고대인의 생활상에 가까이 다가갈 수 있게 되었다.

빗살무늬토기에서 민무늬토기에 이르는 동안 토기는 형태 변화 이상을 보여주지 못했지만, 역사시대에 들어오면서 크게 달라졌다. 섭씨 1천 도 이상의 고온에서 구워 과거 물기에 약했던 단점이 크게 보완되기에 이른 것이다. 그것이 바로 신라 토기다. 가야 토기도 같은 제작 전통에서 만들어졌는데, 비록 형태는 다르지만 기본 속성에서는 통한다.

이 〈평저주형토기〉는 그런 신라-가야 토기의 전통 위에서 부장용 특수 토기로 제작된 것이다. 토기에는 일상용과 부장용이 있는데, 후자를 이형 토기異形土器라고 부른다. 〈평저주형토기〉는 이형토기의 대표 격인 존재로, 죽은 자에 대한 장송의 의미를 지닌다.

3면이 바다로 둘러싸인 우리나라는 일찍부터 배가 보편적으로 사용되었다. 경남 태화강 상류의 울주 암각화에는 배를 타고 고래를 잡는 모습이

평저주형토기·보물 제555호
삼국시대 | 높이 9.1cm 길이 27.9cm | 삼성미술관-리움 소장

묘사되어 있고, 고려시대에는 전라남도 강진 같은 곳에 청자 생산단지가 조성되어 수도 개성까지 배로 도자기나 특산품을 실어날랐다. 조선시대에도 수레보다는 배가 편리한 운송수단으로 각광을 받았다.

〈평저주형토기〉의 존재는 중국이나 일본과는 다른 우리만의 해운업 발달의 증거로서 흥미를 끈다. 우리 역사에서 선박을 이용한 기록은 기원전 2세기 고조선의 준왕準王이 수천 명의 부하를 이끌고 뱃길로 마한에 갔다는 내용에서 찾아볼 수 있다. 이 정도 규모의 인력이 움직였다는 사실은 배를 정박시킬 수 있는 항구와 수천 명의 군사를 태울 수 있는 운송수단으로서 선박의 건조가 이루어졌다는 사실을 말하는데, 실물로 확인된 것은 아직 없지만 많은 주형토기와 최근 가야 유적에서 출토되는 선박 잔편의 존재로 증명이 된다.

607년 고구려군이 해로를 이용해 백제의 여러 성을 공격했다는 기록도 있고,《일본서기》에 의하면 271년 백제의 후손이 일본에서 선장으로 일했다는 내용이 있을 뿐만 아니라 백제 선박 기술자와 학자들의 왕래가 빈번했다고 한다. 당시 일본인들은 튼튼한 배를 '백제선'이라고 부르기까지 했다. 신라에서도 289년 왜적이 침공한다는 통보를 받고 선박과 병기를 수리했다고 하며, 583년에 이르러 선부서船府署(배의 제작과 수리를 맡는 행정부서)를 설치한 것을 볼 때, 조선 기술과 항해술의 발전이 어느 정도였는지 짐작할 수 있다.

그런 사실들을 실제로 증명하는 좋은 예로 우리는 주형 토기의 존재를 꼽지 않을 수 없고, 그중에서도 이 〈평저주형토기〉는 전통 한선의 제작과 사용이 오래되었음을 증명해주는 실례라고 하겠다.

신라 토기는 고신라시대에 경상도 일원에서 제작된, 회색빛을 띠는 단단한 경질의 토기로, 보통 1,200~1,300도의 고온에서 구워진다. 때문에 두드리면 쇳소리가 나고 수분의 흡수를 막는다. 태토에 규질 성분이 들어 있어 고온에서 토기 표면에 막을 형성해 유약을 바르고 구워낸 것 같은 효과를 낸다. 형태가 특이하며 다양한 기종을 보이는데, 기하학적인 요소들을 기본으로 한 이형토기들이 많다.

　　토기의 종류로는 제일 많은 것이 고배(굽다리잔)이고 장경호(목긴항아리) 등이 주로 제작되었는데, 그 외에도 바리, 단지, 독, 병, 그릇받침 등 여러 종류의 토기들이 생산되었다. 일상용기와는 다른 목적으로 만들어진 이형토기에는 특히 특이한 형태가 많다. 특정 기물을 모방해 만든 토기와 사람이나 동물을 형상화한 토기가 많이 제작되었다. 특히 수레나 배 모양을 본뜬 토기들이 많은데, 이들은 모두 영혼을 옮겨주는 기능을 하도록 고안된 명기들이다. 〈평저주형토기〉 또한 그런 용도로 만들어진 기물 형상의 토기다. 신라 고분에서 출토된 기마인물형 토기나 용 장식 토기 등도 대표적인 이형토기로 유명하다.

청동은입사향완

고려 금속공예의 극치

1970년대 말 한 무리의 금속공예품이 일괄해서 삼성에 인수되었다. 그러나 당시에는 도굴품이나 장물로 인한 사고가 자주 있어 여간 조심스럽지 않았다. 여기에 '흥왕사 향완' 한 점이 들어 있었다. 흥왕사興王寺는 개성 인근에 위치한 절로, 왕씨의 흥성을 바라는 그 이름이 말해주듯이 고려 왕실의 상징과도 같은 절이었다. 흙 기운이 남아 있던 향완의 밑굽 언저리에 돌아가며 '흥왕사'라는 글씨가 또렷이 새겨져 있어 나는 바짝 긴장하지 않을 수 없었다.

혹시 위조된 가짜는 아닐까 꼼꼼히 따져보는 일을 잊지 않았다. 투박하게 새겨진 명문의 내용은 '기축삼월일흥왕사학도대덕(……)재경김언수조己丑三月日興王寺學徒大德(……)在京金彦守造'로, 밑 테두리 전에 돌아가며 은입사 수법으로 상감되어 있었다. 이 향완이 1289년 3월 어느 날 개성의 김언수가 만들어 바친 것임을 명기함으로써, 유물들의 내력을 웅변해주고 있었던 것이다. 여전히 조심스럽기는 했지만, 당시 여러 가지 정황을 종합해보건대 가짜로 낙인찍힐 가능성은 거의 없다는 결론을 내렸다.

이 향완은 1984년 국보 제214호로 지정되어 그 가치를 인정받았는데, 함께 입수된 〈청동은입사포류수금문향완〉(보물 제778호)에도 내용은 다르지만 명문이 새겨져 있어 중요한 의미를 보탰다.

고려는 불교왕국이었다. 4세기 후반 고구려를 통해 한반도에 전래된 불교는 고려의 국교로 자리 잡으면서 기반을 넓혀갔고, 팔관회를 비롯한 많은 사찰 의례행사가 정착되면서 다양한 불교용품의 생산을 촉진·유도하는 계기를 마련하였다. 신라의 전통을 이어받아 왕실 불교이자 귀족 불교로 굳건한 자리를 잡은 나라가 바로 고려였다. 수도였던 개성 부근에만 무려 300여 곳 이상의 절이 세워졌다는 기록이 말해줄 정도로 고려는 불교가 번성했다.

신라로부터 이어진 호국불교의 전통은 고려에 와서 꽃을 피웠는데, 그 결과가 불교미술품으로 화려하게 재탄생했다. 융성한 불교의 의식에 사용될 여러 종류의 장엄구에 대한 필요성은 세련된 금속공예 기술의 발전을 유도했고, 그 결과 기술의 발전과 함께 다양하고 세련된 기물의 생산과 소비를 통해 불교공예 자체가 한 단계 비약하기에 이르렀다. 당시 고려는 신라처럼 왕궁 가까운 시가지에 있는 사찰들이 주류를 이루었다. 신라 불교가 탑이나 조각에 특출했다면, 고려 불교는 공예와 사경, 불화 등의 제작에 있어 장점을 보였다.

불교공예품을 대표하는 것은 사리장치와 불단의 공양구 장식이다. 향로의 일종인 향완은 그런 장식의 대표 격으로 향을 사르는 데 쓰이는 용기이다. 향은 악취를 없애줄 뿐 아니라 부정한 것들을 제거해준다는 믿음이 있었다. 향을 사르는 주된 목적은 속세의 때를 벗어버리는 데 있지만, 다른 한편으로는 벌레나 쥐 등 잡것들이 범접하지 못하게 하는 효과도 있다. 습하고 지저분한 곳일수록 향을 많이 사용하는 것은 그런 이유에서이다.

향을 태우기 위해서는 향을 담는 그릇이 필요하기 때문에 자연스럽게 향로나 향완이 제작되고 사용되었다. 부처 앞에 직접 바치는 향공양은 다른 어떤 기도 행위보다 진지하고 거룩하기 때문에, 향로는 그런 불심을 극대화시키는 효과를 발휘하는 존재이다. 향공양에 들이는 정성이 어느 정도인가는 향로나 향완 등의 형태나 봉납 절차 등에 잘 나타나 있다고 하겠다. 최근에 발굴된 〈백제 용봉문대향로〉에서 보듯이, 향로는 그 자체에 많은 정성과 공력이 들어가는 불교공예의 정상품이다.

〈청동은입사향완〉은 고려시대에 유행했던 일반 향로의 모습인데, 몸통부에 돌아가며 네 군데에 운룡문雲龍文과 봉황문鳳凰文을 회화적으로 아름답게 은입사 처리하여 향완의 품격을 높일 뿐 아니라, 향완의 제작과 봉납에 이르는 일련의 행사를 명문으로 표시하여 향완의 절대가치를 크게 높여주고 있다. 용이나 봉황은 왕을 상징하는 문양으로, 이 향로가 봉납된 흥왕사와 왕실의 밀접한 관계를 뒷받침하고 있다. 그런 면에서 매우 중요

청동은입사향완 · 국보 제214호

고려시대 | 청동 | 높이 40.1cm 입지름 30cm | 삼성미술관-리움 소장

한 유물이 아닐 수 없다. 높이는 40.1센티미터, 입지름 30센티미터이며, 향로의 받침과 몸통 그리고 입술의 세 부분으로 구성되어 있다.

입술은 수평으로 넓게 퍼진 테 형태의 전 부위가 있으며, 그 부분을 구슬무늬로 장식했다. 거기에 보태 연꽃과 덩굴무늬를 새기고 은을 입혔다. 몸통에는 대칭되는 자리에 여덟 판의 꽃 창을 만들고 그 안에 용과 봉황을 은입사 기법으로 장식했다. 용의 표현은 표충사에 소장되어 있는 앞선 시기 향완의 받침대에 장식된 용의 무늬와 유사하다. 봉황은 리움에 소장된 국보 제171호 〈청동은입사봉황문합〉에 보이는 문양과 통한다. 여백의 다른 공간에는 갈대와 연꽃을 새기고, 위에는 날아가는 기러기를, 아래로는 오리를 장식하고 은을 입혀 마무리했다. 이 문양들은 보통 포류수금문蒲柳水禽文에서 자주 보던 것들로, 직접적인 관련성이 있다. 나팔 모양의 받침 부위는 윗부분 가장자리를 두 줄로 굵게 표시하고, 위로 오르는 덩굴무늬와 하단에는 풀무늬 그리고 굽 부위는 꽃무늬를 은입사로 처리하였다.

은입사 처리 기법은 고려시대 공예품에 자주 등장하는 문양 새기기 수법인데, 다른 향로의 명문에는 '함은含銀' 혹은 '누은鏤銀'이라고 표현되어 있다. 이는 청동이나 구리 혹은 철 등의 금속 표면에 은을 넣는다는 말인데, 중국이나 일본에도 비슷한 수법이 보이기는 하지만, 유독 우리나라에서 크게 발전하여 독보적 장식으로 발전했다. 이 수법은 주로 금속제 용기에 문양을 새기는 방법으로 활용되었는데, 엄밀히 말하면 상감象嵌 기법 중의 하나다. 청자에 유행한 상감 수법이나 나전칠기에 응용되었던 감입법嵌入法도 다 비슷하다. 특히 도자기에 응용해 '상감청자'라는 고유의 브랜드 청자를 탄생시킨 것은 세계 도자사에서도 유례를 찾기 어려운 업적이다.

입사入絲란 '줄을 새긴다'는 뜻이다. 선상감線象嵌의 일종으로, 기물의 표면에 정교하게 무늬를 파내고, 그 자리에 은을 대고 두드려넣어 무늬를 완성하는, 고도의 기술을 요하는 시문 수법이다. 입사 기술은 고려시대에 크게 유행했고, 이후 조선시대에 등잔이나 문방구, 담뱃갑 등 생활용품의 무늬를 새기는 데 주로 활용되었다.

받침부 굽에는 왼쪽에서 오른쪽으로 1센티미터 크기 34자의 명문을 새겼는데, 그 내용을 보면, 충렬왕 15년(1289)에 제작되어 개풍군 흥왕사에 봉납되었다는 역사적 사실을 알 수 있다. 향완으로서는 드물게 봉납처가 명기된 특별한 예에 속한다.

흥왕사는 고려 문종 10년(1056)에 짓기 시작하여 12년 만에 낙성된 절로, 개풍군 덕수현에 무려 2,800간이나 되는 규모로 조영된 거대 사찰이었다. 단순한 절의 범주를 넘어 정치적인 집합소로 이용되기도 했다. 문종 21년(1067)에는 대규모 연등회를 열어 낙성을 축하했고, 대각국사 의천이 교장대감을 설치하여 〈속대장경〉을 간행한 유서 깊은 절이다. 무신정권 말기 공민왕이 흥왕사에 행차했다가 김용金鏞에게 암살당할 뻔했던 '흥왕사의 변'도 당시 고려 불교와 집권세력의 긴밀했던 관계를 잘 보여준다.

그런 역사적 배경이 있는 〈청동은입사향완〉이지만 그 일괄품이 입수될 당시에는 전체 모습이 잘 드러나지 않은 상태였다. 오랫동안 땅속에 묻혀 있어 진흙 기운이 몸통의 여기저기에 또렷이 남아 있었다. 그런 상태에서 호암미술관 보존과학연구실의 보존 처리를 마친 결과, 찬란한 자태를 한껏 뽐내는 대표적인 고려 불교공예품으로 기록되게 되었다.

리움에는 통일신라시대에 제작된 것으로 보이는 〈금동초두형향로〉를 비롯해 여러 종류의 향로와 향완이 수집되었고, 〈금동대탑〉을 포함해 〈금동용두보당〉이나 〈금동용두토수〉 등 뛰어난 기법을 자랑하는 금속공예 유물들이 다량 소장되어 있다. 이 〈청동은입사향완〉은 그런 불교유물 중에서도 특급 최상품에 속한다.

이들이 언제 어떤 경로로 세상의 빛을 보게 되었는지 궁금증만 더할 뿐 자세히 알 수는 없다. 최근에도 북한 출토로 전하는 유물들이 국내로 반입되는 경우가 더러 있는데, 〈청동은입사향완〉은 그런 점에서 대단히 중요한 의미를 갖는다. 고려 때 제작된 향완은 무늬의 내용이나 조성 수법 등에서 후대의 다른 생산품을 압도한다. 그런 관점에서 보더라도 '흥왕사' 명문이 들어가 있는 향완의 역사적 의의는 더욱 배가된다고 하겠다.

남 기 고 싶 은

이 야 기

7 박물관은 힘이다

공산국 중국과 교류를 연 '중국 국보전'

　지금으로부터 25여 년 전, 1992년에 우리나라는 중국과 정식으로 국교를 맺었다. 실리는 이념에 앞서고 경제는 체제를 뛰어넘는 것이라는 진리를 깨우쳐주는 순간이었다. 한국전쟁 때 중국이 북한 편에 서서 인해전술로 밀고 내려왔던 최악의 사태를 기억하고 있는 한국으로서는 그 당시 대단한 결정을 내린 셈이었다. 서로의 손익계산의 결과로 이루어진 양국 수교였지만 미래에 어떤 성과를 낼 수 있을지 가늠할 수 없었던 때였다.

　수교 문제가 하루아침에 해결되는 성질의 것이 아님은 삼척동자도 알고 있을 것이다. 양국 교통의 물꼬는 그 이전부터 여러 형태, 특히 무역으로 좋은 조짐을 보여왔기 때문에 가능했다. 88올림픽 같은 과감한 이벤트를 통해 한국의 국제적 위상이 부쩍 올라간 덕을 톡톡히 보았다고 생각된다. 그리고 문화외교도 기여했다. 내가 기획하고 성공시킨 호암미술관의 중국 국보전 '명청회화명품전'이 바로 그러했다. 공산 중국의 국보 나들이는 세간의 관심을 끌었고, 이는 중국과의 수교를 성사시키는 데에 일익을 담당했다고 자부한다.

나는 꽤 오래전부터 중국과의 상호교류는 거스를 수 없는 시대적 흐름이요 역사적 사명이라고 생각해왔다. 그래서 1986년 무렵 독일의 대학에서 박사과정을 밟을 때 고고학·미술사 다음의 제2부전공으로 중국학을 택했다. 독일 대학은 주전공 말고도 부전공을 두 개나 요구했다.

당시 나는 호암미술관 학예실장 신분으로 유학을 하고 있었는데, 중국미술사 권위자인 하이델베르크대학의 레더로제 주임교수와는 교수와 학생이라는 신분을 떠나 가깝고 친밀하게 지냈다. 그는 나를 전문가로 깍듯이 대접했다. 어떤 때는 내게 당나라 시인 두보의 시 구절을 한국말로 암송해달라고 부탁하기도 했다. 그는 북송시대의 화가이자 서예가 미불米芾 전공자였다.

독일에서 귀국한 뒤에도 나는 미래 대비 차원에서 중국과 정치적인 교류는 어렵더라도 문화를 통해서는 교류가 가능하리라 생각하고 다방면으로 방법을 찾고 있었다. 그리고 얼마 지나지 않아 가깝게 지내던 지인을 통해 우연히 중국 공산당 고위 간부와의 접촉이 성사되었다. 나중에 알고 보니, 그는 당시 중국 군부의 최고 실권자였던 양상곤의 보좌관이었다. 등소평과 쌍두체제를 이루고 있던 양상곤의 최측근을 접촉하게 된 것은 정말로 얻기 힘든 행운이 아닐 수 없었다.

중국과 수교가 되어 있지 않았던 1980년대 후반에 중국 고위 인사와의 접촉은 쉽지 않았다. 사회적으로 공산권에 대한 경계심의 수위가 높았고, 그런 예민한 분위기 속에서 신중하고 조심할 수밖에 없었다. 더구나 우리는 중국에 대해 거의 아는 게 없을 때라 접촉 자체에 대해서도 확신을 갖기 어려웠다.

그러나 88올림픽의 성공적인 개최를 통하여 국제사회에서 한국의 저력을 인정받은 가운데, 중국은 서서히 개방의 물결을 타고 있었다. 나중에 알았지만, 중국은 이 당시 삼성과의 경제협력을 겨냥하여 호암미술관의 문화외교를 긍정적으로 받아들이고 적극적인 대처를 계획하고 있었다.

1989년 말의 추운 겨울로 기억된다. 1992년 수교 이전이라 어렵사리 입국 비자를 받고 북경공항을 통해 중국에 들어갔다. 눈 덮인 거리는 희끄무레하고 차가운데, 사람들의 무표정하고 싸늘한 기운이 멀리서도 느껴졌다. 서로를 믿지 못하니 누가 누구를 경계해야 좋을지 모르던 당시의 사정을 나중에 돌아와서야 알았다. 5성급 특급호텔에 층마다 감시원의 눈길이 번뜩였다. 시퍼런 군복의 사내들이 미간을 잔뜩 찡그린 채 외국인들의 일거수일투족을 예의 감시하고 있었다.

양상곤의 보좌관은 우리 식으로 말하면 신출내기 장군 초년병으로, 당시 직함은 별 하나 비서실장이었다. 그러나 그는 온몸에서 자신감이 넘쳐흘렀고, 대낮인데도 요리에 앞서 준비한 헤네시 코냑을 여러 잔 겁도 없이 들이켰다. 어딘가 확실히 믿을 구석이 있는 인물처럼 보였다. 미리 준비해 간 금장 손목시계를 선물로 내놓았다.

당시 중국 사람과 소통하려면 세 가지를 준비하라고 누군가 귀띔해주었는데, 양담배 말보로 레드, 금장 시계 그리고 헤네시 코냑이었다. 중국인들은 식사 중에도 줄창 담배를 피워댔다. 말보로 레드는 권련치곤 너무 독해서 냄새만 맡아도 줄기침이 났다. 금장 시계는 남대문시장 시계거리에서 산 싸구려였지만 그녀들은 롤렉스인지 로락스인지는 관심조차 없었고, 그저 금빛으로 번쩍이면 무조건 좋아라했다. 황금빛은 중국인들이 가장 좋아하는 색으로, 황색은 세계의 중심을 뜻하고 금은 모든 경제의 기본임을 그들은 생활 속에 담고 살아왔다. 옛날 우리 할머니들처럼 누런 금반지 여러 개를 보란 듯이 끼고 있는 중국인들을 심심찮게 볼 수 있었다. 45도 코냑은 중국집 배갈을 생각하니 이해가 되었다.

몇 마디를 건네고 술잔을 부딪치자, 그는 묻지 않은 이야기까지 꺼내놓으며 분위기를 띄워주었다. 나는 언제쯤 경계를 풀어야 할지 눈치를 보고 있는데, 그 전에 그가 몇 가지 제안을 했다. 별로 어려운 얘기가 아니어서 진전이 빨랐다. 내 차례가 되자 속에 품었던 세 가지 요구를 내놓았다. 첫 대면에 주저하지 않고 요구사항을 말한다는 것 자체가 나 스스로도 어색하긴 했지만, 그가 오래 사귄 친구처럼 분위기를 풀어주어서 별로 어려움이 없었고 술기운에 용기도 났다.

나는 '중국 국보의 서울 전시' 그리고 '진시황릉 출토 병마인형 전시' 등의 제안을 머릿속으로 재가면서 풀었다. 그는 전부 "하오하오[好好]" 해서 마주 보고 앉은 나마저도 믿어지지 않을 정도였다. 그냥 지나가는 예의 정도로 돌리고 나중에 모르는 체하는 건 아닌지, 한편으로는 불안하기까지 했다. 통역으로 동석한 조선족 안내원은 그냥 눈만 꿈뻑꿈뻑했다. 되는 건지? 마는 건지?

그런 뒤에 중국 국보전을 준비하기 위해 자금성을 방문했다. 이 역시 쉬운 일이 아니었다. 국제교류전을 준비하려면 치밀한 사전준비가 필요한 법인데, 중국인들은 생각보다 즉흥적인 데가 많았다. 공산당 고위층의 인정을 받은 뒤라 '자금성박물관(북경고궁박물원의 별칭)'에서는 다 된 것처럼 나를 맞아주면서도 한편으로는 은근히 나를 시험하려 했다. 그들이 내가 중국학을 전공했다는 사실을 알 리는 없었고, 속으로 어떻게 하든 이들의 콧대를 한번은 꺾어야겠다는 생각을 했다.

눈을 반짝이며 나의 일거수일투족을 지켜보는 그들에게 나는 필담으로 한문 글씨체를 과시했다. 글씨 쓰기는 나의 장기였기 때문에 보란 듯이 휘갈겨 썼다. 앞에 앉은 이의 이름 석 자로 3행시까지 지어 그들을 놀라게 했다. 그리고 석도石濤와 팔대산인 주답八大山人 朱耷의 묵적墨蹟(동양화의 고상한 표현)을 보여달라고 했다. 그때부터 그들의 표정이 눈에 띄게 사뭇 달라지기 시작했다. 그들의 눈에는 그저 새파란 한국 청년에게서 중국의 자존심과도 같은 대화가 두 사람의 이름이 거명되는 것 자체가 놀라움이었을 것이다.

석도의 작품은 연결화첩이었는데 대단한 작품이었던 것으로 기억된다. 당시로서는 우리의 적성국 심장부에서 묵희의 대가 석도의 화첩을 펼쳐보고 있다는 것 자체가 믿을 수 없는 놀라운 순간이었다. 왕손이기도 한 팔대산인은 알려지지 않은 에피소드가 많은 인물이기도 하고 전하는 작품 또한 많지 않은 화가인데, 그들은 소장하고 있던 작품 두 점을 전부라며 내왔다. 하나는 내리닫이 족자였고, 다른 하나는 소품이었다. 두 점 다 전시에 내어놓기에 손색이 없는 명품들이었다.

나는 석도의 화첩과 팔대산인의 두 점 외에도 4왕*의 작품, 양주팔괴揚州八怪*의 주옥과도 같은 작품들을 요청했고, 그들은 순한 양이 되어 순순히

• 청나라 초 왕씨 성을 가진 네 명의 대가: 왕시민王時敏, 왕감王鑑, 왕원기王原祁, 왕휘王翬.
• 청나라 중기 상업도시 양주에서 활약한 개성 넘치는 대가 8인: 왕사신汪士愼, 황신黃愼, 금농金農, 고상高翔, 이선李鱓, 정섭鄭燮, 이방응李方膺, 나빙羅聘.

작품들을 내왔다.

무시하는 듯했던 그들의 태도가 언제 그랬냐 싶게 달라졌다. 저녁 만찬 때 고급 식당에서 그들이 놀라 자빠지는 비싼 요리를 대접하며 다시 한 번 그들의 자존심을 꺾어놓고 속으로 쾌재를 불렀다. 그렇게 목적하던 바를 이루고, 한국에 출품할 작품 100점의 윤곽을 정한 후 귀국했다.

그 후 중국 고위 인사의 주선으로 북경의 고궁박물원과 서안의 진시황 릉 병마용兵馬俑 발굴 현장을 볼 수 있었다. 북경고궁박물원은 그 유명한 청나라의 황궁 자금성 안에 있는데, 우선 엄청난 규모에 놀라지 않을 수 없었다. 때는 혹한이 몰아치는 추운 겨울이었는데 북경의 추위는 서울은 저리 가라 할 만큼 매서웠다. 차에서 내려 문을 여럿 거치며 궁 안으로 들어가는 동안 손발이 차갑게 얼어버릴 정도였다. 들어가는 모퉁이에 놓여 있던 산더미 같은 괴석을 보고 중국이라는 나라를 실감했다. 기이한 모양의 괴석을 정원에 장식하는 조경 수법은 동양 삼국이 공통인데, 자금성의 괴석은 크기도 크기려니와 생김새나 뚫린 구멍 등이 기괴하기 이를 데 없어서 말 그대로 괴상한 돌, 괴석怪石을 실감나게 했다.

녹차를 마시면서 호화로운 자금성 귀빈실에서 기다리고 있노라니 박물 원博物院(박물관의 중국식 표현)의 부원장이 나타나 정중하게 안내를 했다. 중국은 부副 자 들어간 직함을 가진 사람이 실질적인 권한을 가지고 있음을 익히 알고 있던 나로서는 그들의 태도가 무엇을 의미하는지를 바로 알아차렸다. 이는 중국 고위 당국의 결정이 이미 났다는 신호였다. 부원장은 정중하게 우리가 원하는 분야를 물어보고, 그 분야의 유물들이 전시되어 있는 전시실로 나를 안내했다.

나는 내심 중국의 고전시대라 할 수 있는 당송唐宋 대의 유물, 특히 회화

류들이 많이 있기를 고대했으나, 의외로 고대 유물은 많이 볼 수 없었다. 그들은 첫 번째 문화교류인 만큼 비중이 높은 유물들이 나가는 데는 부담을 갖고 있는 듯했다. 또 우리의 문화재청에 해당되는 국가문물국에서 100점을 상한선으로 외국에 내보내기 때문에 그 범위 내에서 전시품을 골라주기를 요청했다.

나는 이미 석도와 팔대산인 등의 작품을 확인한 뒤라, 출품될 작품들의 수준에 대해서는 나름대로 자신감을 갖고 있었다. 전시의 성격을 명확하게 하기 위해 우리에게 직접적인 영향을 미친 명청明淸 회화를 중심으로 전시품을 고르는 쪽으로 방향을 잡았다. 북경고궁박물원이 소장해온 9천여 점의 회화작품 중에서 출품작을 엄선하기로 했다. 서울대의 안휘준, 이성미 교수 등의 협조를 받아 최종 작품을 선정했다.

명나라 초기의 왕불王紱과 이재李在, 절파浙派의 시조 대진戴進에서부터 오파吳派의 시조 심주沈周, 오파를 계승·발전시킨 문징명文徵明, 화원 당인唐寅, 화론의 대가 동기창董其昌, 청대 초 4왕, 내가 처음 방문해 작품을 직접 본 팔대산인 주답과 석도, 그리고 이탈리아인 랑세녕郎世寧(본명 주세페 카스틸리오네), 양주팔괴 대가들을 망라한 100여 점의 주옥같은 작품들이었다.

이로써 명청시대 대가들의 작품들을 거의 망라하다시피 한 대규모의 전시가 되었고, 중국의 국보를 소개하는 최초의 한국 나들이 전시라는 중대한 의미를 지녔다. 중국은 '최초의 한국 나들이'라는 의미를 지닌 외교적 전시에 부응하기 위하여 최대한 성의를 보여주기 위해 노력했다.

결과적으로 호암미술관에서 열린 중국 국보전은 성공적이었다. 북경고궁박물원의 소장품이 나온 '명청 회화 특별전(1992)'이 바로 그 전시이다. 이 중국 국보전은 호암미술관의 국제적인 위상을 제고하는 결정적인 계기로 작용하였다. 중국의 입장에서 정식으로 국교관계가 수립되어 있지 않은 한국의 삼성을 상대로 국가 유물을 선보이기까지에는 나름대로 철저한 계산이 깔려 있었다. 중국 정부가 외교적인 필요에 의해 결정한 국가 정책의 일환이었다고 생각한다.

나는 중국 고위 인사에게 한국의 발전과 한국 경제계에서 차지하고 있는 삼성의 위상을 소개하는 자료를 잔뜩 건네주었고, 그들은 이를 토대로 비밀리에 이건희 회장의 중국 방문을 강력하게 요청하였다. 즉시 이건희 회장에게 보고하고 답을 기다렸다. 그러나 이때 이 회장의 방중이 성사되지 못한 데에 대한 아쉬움은 지금까지도 크게 남아 있다.

어쨌든 호암미술관의 중국 국보전은 대성황을 이뤄 공산 중국의 국보 나들이가 세간의 관심을 끌었고, 이는 중국과의 수교를 성사시키는 데에 일익을 담당했다고 자부한다. 문화외교란 이런 것이다.

영국 V&A박물관의 한국실 뒷이야기

　서양에서 박물관 운영에 있어 빼놓을 수 없는 중요한 과정 중 하나가 바로 기부금 조달이다. 서양문화권에서는 오래전부터 박물관의 통상적인 자금을 기부를 통해 마련해왔다. 때문에 문화 경영자의 으뜸 수완을 하나 꼽으라면 바로 많은 기부금을 끌어오는 능력이다. 박물관의 경우 건축 공사, 전시 운영, 유물 구입 등 어느 부분에서든지 기부금이 필요하지 않은 곳이 없다. 따라서 유능한 관장은 적재적소에 기부금을 끌어모으고, 기부자에게 명예로운 행사를 기획해 만들어주어야 한다.

　영국 빅토리아앤드앨버트V&A 박물관의 한국실 이야기를 해보려 한다. 이미 헨리 무어 초대전 때 경험해본 바 있는 영국인들의 사고방식이나 일 처리 방식에 대한 불유쾌한 인상 탓으로 영국 출장길이 별로 내키진 않았다. 그러나 국가 간에 약속된 일이고, 어떻게 일이 진행되고 있는지 그 내용을 알아보기 위해 런던행 비행기에 몸을 실었다.

새벽녘에 도착한 히드로공항은 전형적인 북유럽의 날씨를 보이고 있었다. 앞으로 일어날 일의 전조인 양 짙게 드리운 구름과 추적추적 내리는 비가 을씨년스러운 분위기를 연출했다. 이런 날씨는 우리처럼 쨍하고 햇볕 잘 드는 나라에서 살아온 사람들에게는 영 맞질 않는다. 아침 안개가 내린 것처럼 희뿌연 길을 헤치며 런던 시내 호텔에서 겨우 여장을 풀었다. 영국식으로 준비된 아침을 대충 챙겨먹고 오늘 해야 할 일들을 천천히 떠올려보았다. 무엇보다 직접 V&A박물관으로 가 현장을 확인하는 일이 급선무였다. 몇십만 달러나 되는 적지 않은 삼성의 기부금이 들어가는 사업인 만큼, 어떤 모습으로 한국실이 마련되는지를 확인해야 했다.

고풍스러운 분위기의 V&A박물관은 해가 지지 않는 나라, 즉 과거 영국의 모습을 그대로 품고 있었다. 19세기 박물관들이 대개 그렇듯 V&A박물관은 과거 식민지 왕국이었던 영국의 영광을 담고 있었지만 현재로서는 여기저기서 들어오는 기부금에 의존해 겨우 그 명맥을 유지해가는 듯했다. 한국실의 설치도 바로 그 기부금 조달 목적으로 이루어지는 기획이었다. 그러나 이미 인도실과 일본실이 일찌감치 자리를 잡고 있어서 찜찜한 마음을 지우기 어려웠다. 우리가 먼저 개척하고 제의해 한국실을 조성하는 것이 아니라, 다른 국가들이 먼저 만들어놓은 공간 사이로 비집고 들어가야 하는 어려운 작업이 예상되었다.

한때 영국의 식민지였던 인도는 문화적 역량에 맞는 적절한 규모의 내실을 갖추고 있었다. 대부호의 기부로 제대로 구색을 맞춘 것이다. 일본실 역시 그에 못지않은 국력을 과시라도 하듯, 인도실과 맞먹는 규모로 안착되어 있어 나로서는 우선 기가 죽을 수밖에 없었다. 이야기 듣기로는 1층

어딘가에 우리 한국실이 설치될 예정이라고 했는데, 좋은 자리는 이미 인도와 일본이 차지하고 있어서 우리가 들어갈 자리는 눈을 씻고 보아도 찾을 수가 없었다.

생각이 이쯤 이르니, 이런저런 의문들이 생겨났다. 이런 경우 보통 좋은 자리는 정치적으로 결정되지만, 한국실은 설치 과정에서 어떤 타협을 거쳐 결정된 것인지 도대체 알 수가 없었다. 타협 과정에 대한 이야기를 해주는 사람이 없었다. 다만 노태우 대통령의 영국 국빈 방문 시, 영부인 김옥숙 여사가 V&A박물관을 방문하여 그 자리에서 한국실 설치를 지시했다고 하는 이야기만을 전해들을 수 있었다. 원래 국가 간의 약속이란 외교적으로 세련되게 이루어져야 하는 법인데, 우리는 지나치리만큼 외교적 언행이 서툴러 결과적으로 힘만 빠지는 헛발질이 많은 시절이었다. 이 경우도 그런 것이 아닐까 싶었다.

아무리 둘러봐도, 얘기로 들은 1층에는 한국실이 들어갈 만한 공간이 전혀 보이지 않았다. 시간이 없었다. 관장의 만찬 초대가 다음 날 저녁에 예정되어 있다는 통보를 받아서 시간조차 여유롭지 않았다. 둘러볼 시간이 채 하루도 남아 있지 않았다. 2층부터는 상설전시 공간이라서 2층에 공간을 내줄 리는 없어 보였고, 설령 2층에 자리가 마련된다고 해도 공간이 마치 찾기 어려운 미로와 같아서 아무 의미가 없다는 판단이 들었다.

다시 차분하게 생각해보니 마음에 드는 공간이 있기는 했다. 가능성이 전무할 것 같다는 생각이 들기도 했지만, 못 먹는 감 찔러나 보자는 심정으로 이야기를 꺼내보기로 결심했다. 정문에 들어서면 곧장 시야에 들어오는 넓은 공간이 있었다. 인도실과 일본실에 비교해도 훨씬 넓은 공간이었고, 입구에서 바로 오른편이라 접근성도 대단히 좋았다. 그러나 비어 있는 공간은 아니었고, 영국의 사존심 헨리 무어의 조각품으로 이미 채워진 전시장이었다. 헨리 무어는 아직 생존해 있는 조각가이고, 박물관에서 생존 작가를 위해 상설전시 공간을 만들었다는 사실이 내겐 이치에 맞지 않는 일이라고 여겨졌다. 게다가 V&A박물관은 공예 전문 박물관인지라 실상 박물관의 콘셉트와도 맞지 않는 공간을 억지로 끼워맞춘 특별전시 공간이었다. 따라서 우리가 교섭만 잘 한다면 그곳에 한국실을 만들 수도 있겠다 싶어 기탄없이 말을 꺼내보기로 마음을 굳혔다.

다음 날 저녁, 만찬 모임에 참석했다. 보통 만찬은 의례적으로 마무리를 하는 자리로 계약을 마쳤거나 약속을 문서화한 뒤에 서로 자축하는 성격이 짙다. 공공의 장소를 빌려서 검정색 정복을 갖춘 차림새로 와인 잔을 부딪치며 담소를 나누는 것이 상례이다. 우리 식으로 말하자면, 화려하긴 하나 사실 먹을 것은 별로 없는 딱딱한 자리라고 할 수 있다. 그러나 이번의 모임은 달랐다. 관장은 육십쯤 되어 보이는 여성으로, 이 분야에서 닳고 닳으며 관록을 쌓아온 인물로 보였다. 유럽에서는 여성 관장을 자주 볼 수 있고, 전문직일수록 여성의 진출이 많은 편이지만, 당시 우리와는 너무 다른 모습이어서 조금 생소했다.

그 여성이 한국의 젊은 내방객을 위해서, 그것도 자기 집에서 직접 준비한 저녁을 대접한다는 사실을 만찬장에 도착해서 알았을 때는 당황하지 않을 수 없었다. 이런 경우는 정말 흔치 않았다. 유럽식으로 따지면 가장 극진하게 대접할 때 바로 이런 방식으로 손님을 응대하곤 하는 것이다. 그러니까 보통 아쉬운 일이 있거나 일이 어려울 때 쓰는 방식이었다.

나는 내심 곤혹스러운 마음을 추스르고 있었다. 정성을 다하여 준비하고 사적 공간을 공식 만찬장으로 정한 이 모임에 초대받은 주인공으로서 어떤 제스처를 취해야 할지 난감하기만 했다. 게다가 V&A박물관의 전시장을 돌아보고 한국실의 위치와 진행에 대한 의견을 개진하고자 다짐한 터라 더욱 마음이 편치 않았다.

저녁은 간단한 채소샐러드와 연어찜이 주 메뉴로 구성되어 있었다. 메뉴 선정에서도 세심한 계산과 배려가 느껴졌다. 동양인을 위한 레시피에서 이들이 미리 세밀하게 준비했다는 것을 느낄 수 있었다. 나는 언제 어떤 방식으로 의견을 전달해야 할지 고심하느라, 음식이 입으로 들어가는지 어떤지 느낄 겨를마저 없었다. 전형적인 영국 억양으로 이야기하는 여성 관장의 악센트가 귓가에서 맴맴 돌 뿐이었다. 그러나 이야기를 꺼내지 못한 채 만찬이 끝나면 어쩌나 싶어 어렵게 말을 시작했다.

그러자 만찬 내내 형식적이나마 부드럽게 미소 짓던 관장의 입가가 미세하게 떨리며 일순 미소의 흔적조차 없이 굳어버렸다. 부드럽던 얼굴빛이 금세 딱딱해지면서, 관장은 내 입을 뚫어져라 주시했다. 나는 이미 사태가 심상치 않은 단계로 접어들고 있다고 생각했지만, 그대로 이야기를 이어나갔다. 내용은 준비한 대로였다.

한국은 동양의 삼국 중에서도 이제 발전을 시작해 활기가 가득한 나라로 하루가 다르게 성장하고 있다. 한국의 역사는 5천 년 이상으로 영국보다 일찍 역사가 시작되었다. 사실 한국실을 1층의 좋은 자리에 마련해주길 기대하고 있었는데, 인도실이나 일본실에 비교해볼 때 지금에 와서 들어갈 만한 자리를 찾기는 어렵다. 내 생각으로는 헨리 무어 전시실은 V&A박물관의 성격과 맞지 않고, 그 공간에는 무엇보다 생존 작가가 아닌 역사적 전시물이 들어오는 것이 마땅하므로, 한국실은 헨리 무어의 작품이 있는 그 공간을 할애해주는 것이 좋겠다.

나는 나름 강력하고 끈기 있는 어조로 이야기를 풀어나갔다. 무어라 게속 떠들었는지 사실 제대로 기억할 순 없지만, 내 이야기를 한참이나 듣고 난 관장의 말 한마디가 지금도 또렷하게 기억난다.

"퍼스웨이시브Persuasive!"

내게는 그녀의 대답이 이미 결정된 일에 대해 이제 와 억지로 설득하려 한다는 비아냥으로 들렸다. 아닌 게 아니라, 나중에야 알았지만, 이 일은 이미 다 결정이 나 있던 상황이었다. 실무자를 초대해 형식적인 의견이나마 주고받는 것처럼 의전적인 자리를 마련해 격식은 갖추고자 했던 것뿐인데, 내가 다 된 밥에 재라도 뿌리듯 헨리 무어의 전시실을 한국실로 달라는 요구를 늘어놓고 말았던 것이다.

아직도 그들의 표정이 잊혀지지 않는다. 다시는 결코 그런 자리에 불려가고 싶지 않았다. 영국을 대표하는 박물관 중의 하나인 V&A박물관이 내게는 그저 식민지를 경영하며 우쭐대던 영국인의 이미지와 겹쳐져 두고두고 나쁜 그림자로 남아 있다.

여전히 V&A박물관의 한국실은 부끄럽기 짝이 없는 초라한 공간이다. 통로 한쪽을 막아 볼품없는 진열장을 세우고, 그 안에 수준 낮은 도자기와 공예품 몇 점을 들여놓았다. 이게 한국실이라고 이국인들에게 소개하면, 아마도 그들은 한국을 멀리 아프리카 오지의 원주민족과 크게 다르지 않게 생각할 것이다. 아직도 많은 미국인들이 삼성을 '쌤숭'이라 읽고, 삼성의 스마트폰을 일본제로 알고 있다고 한다. 그러니 당시 영국의 간판급 여성 관장이 내게 '퍼스웨이시브' 운운하면서 얼마나 욕을 퍼부었을지 짐작이 되고도 남는다.

LA 폴게티센터의 힘

미국은 그야말로 박물관 천국이다. 기증의 메카이기도 하다. 알 만한 이름들은 이미 다 박물관의 기증자 명판에 공식적으로 새겨져 있다. 미국인들은 아주 오래전부터 수집을 통해 모아진 방대한 컬렉션을 사회에 환원하여 거대한 박물관을 하나둘 만들어가는 것을 최고의 명예라고 생각해왔다. 그 단초를 바로 스미소니언박물관이 풀어냈음은 이미 널리 알려진 사실이다. 그렇게 해서 오늘날 미국에는 1만 개를 상회하는 박물관이 들어서서 가히 박물관 왕국이 되었다.

1980년대 후반 미국으로 장기간 출장을 간 일이 있다. 스미소니언박물관 못지않은 내용과 규모를 가진 박물관이 LA 근처에 문을 열었다고 해서 찾아가게 되었다. 들어서는 순간 규모에 놀라지 않을 수 없었다. 박물관, 미술관, 보존과학센터, 종합공연장 등 전체가 뮤지엄콤플렉스를 이루고 있었다. 산 하나를 끼고 일내를 뮤지엄타운으로 만들어 보는 이로 하여금 그 장엄함에 감탄을 연발하도록 했다. 유명한 석유 재벌 '폴 게티 패밀리'가 심혈을 기울여 10여 년의 준비 끝에 개관한 폴게티센터가 바로 그곳이다. 벤치마킹하기에 안성맞춤인 박물관이라고 생각했다. 호암미술관도 고미술(박물관), 현대미술(미술관), 어린이 교육(어린이박물관), 보존과학 분야를 고루 갖추고 있으므로 우리도 폴게티센터 못지않은 좋은 뮤지엄콤플렉스를 만들 수 있으리라!

의욕이 용솟음쳤다. 충분하지는 못했지만, 이미 각 분야별로 다수의 전문가를 확보하고 있던 터라, 하드웨어만 갖춘다면 우리도 제대로 된 뮤지엄콤플렉스를 만들어낼 수 있겠다는 자신감이 생겼다. 그런 연유로 폴게티센터를 자세히 연구할 수 있었다. 귀국 후 콤플렉스 구상을 구체화하며 연구에 돌입했다.

언젠가 박물관 조사를 다니던 중 핸드폰박물관이 있다는 이야기를 들었다. 마침 여주, 이천 쪽에서 조사를 하던 중이라 시간을 내 핸드폰박물관을 찾았다. 산길을 돌아돌아 도착한 곳은 핸드폰의 이미지와는 전혀 다른 산골짝 속의 개인 박물관이었다. 관장은 언론사에 근무한 바 있는 중년의 남자로, 첫눈에 날카롭다는 인상을 받았다. 나로서는 핸드폰을 갖고 박물관을 꾸몄다는 사실 자체가 관심을 끌기도 했지만, 무엇보다도 수집의 내용이 궁금했기 때문에 산길을 돌아 찾아온 고생스러움은 진즉에 잊고 관장과 핸드폰에 집중할 수 있었다. 지금은 너무 흔해서 그 가치를 과소평가하고 있지만, 핸드폰은 고려시대의 청자에 비길 수 있는 중요한 존재이다.

반도체-컴퓨터-무선전화를 골고루 채용해 만든 핸드폰은 처음에는 들기도 힘든 군용 무전기만큼 컸다. 그런 데에서 출발해 지금은 손안에 들어오는 장난감이자 최소형 컴퓨터로서 자리를 굳게 지키면서 '스마트폰'이라는 이름으로 세계를 제패해가고 있다. 언제 우리가 단일 품목으로 세계를 제패해본 적이 있는가. 이제 핸드폰이 나온 지도 몇십 년이 되어가니 좀 더 지나 50년을 채우면 산업문화재로 등록해두어야 할 일이다. 지금이야 발길에 차이는 게 핸드폰이고, 구형 핸드폰은 노인들이 안부전화할 때 쓰는 게 고작이지만, 지금 세상은 스마트폰이 지배하고 있고 어디까지 얼마나 발전할지도 모르는 게 바로 그 분야이다.

영국 맨체스터의 다른 이름은 '최초의 도시First city'이다. 자기네가 제일 먼저 했다는 사실을 과시하려는 의도에서 만들어낸 별명이다. 그곳 산업박물관에는 1948년 내가 태어난 해에 발명된 최초의 컴퓨터가 '베이비 컴퓨터'라는 애칭으로 전시되어 있다. 컴퓨터에 관한 한 미국이 종주국인 줄 알고 있지만, 세계 최초의 컴퓨터는 영국에 애칭과는 다른 거대한 몸집의 실물이 보존되어 있는 것을 보고 나는 아연실색했던 적이 있다.

간송 전형필처럼 문화재를 수집하던 시대는 이미 지나갔다. 간송의 수집 목표는 우리 문화재를 수집해 해외로의 유출과 훼손을 막자는 것이었다. 식민지 시절 소극적인 저항운동의 하나였다. 그 수집을 토대로 간송미술관이 설립되어 운영되고 있다. 그러나 현대의 박물관은 하루가 다르게 달라지고 있다. 물론 수집은 박물관의 기본 요건이다. 지속적인 수집이 이루어지지 않는다면 박물관은 서서히 그 빛을 잃고 쇠퇴의 길을 걷게 된다. 하지만 현대의 박물관에 대한 일반 대중의 기대는 단순히 수집된 미술품을 보는 것에서 그치지 않는다. 대중은 그보다 더 많은 것을 요구하고 있다. 만약 그러한 대중의 요구가 충족되지 않는다면 박물관은 결국 잊혀지고 말 것이다.

그래서 요즘의 박물관들은 유물 정보 제공, 연구 결과 발표 등 지적 욕구를 충족시켜주려는 시도나, 박물관 교육을 통한 시민들의 정서 함양에 일조하는 등 사회교육적 역할에 주도적으로 앞장서고 있다. 또한 박물관을 놀이의 마당으로 바꾸어 시민들의 발길을 끌어들이려 하고 있다. 이제는 전시를 보더라도 단순히 출품작의 감상에서 끝나지 않는다. 더 많은 정보를 요구하고 더 많은 활용 방법을 찾는다. 삼성미술관-리움도 이러한 세계적인 추세에 앞장설 수 있는 국내 박물관계의 모범이 되었으면 하는 바람이다.

8 좋은 수집, 좋은 박물관의 조건

근세의 수집가들

 우리나라에는 본격적인 수집 활동에 대한 기록이 많지 않아 그 역사를 정확하게 알기는 어렵다. 조선 초 세종대왕의 셋째아들인 안평대군 이용李瑢(1418~1453)이 당대의 인텔리답게 중국의 서화 명품을 상당량 수집했던 것으로 보인다. 당나라 서화를 비롯하여 북송 시대의 산수에 이르기까지 수집의 폭이 넓었던 것으로 추측되지만, 권력투쟁의 와중에 정쟁에 휩쓸려 사사되면서 그의 수장품이 어떻게 되었는지는 알려져 있지 않다.

 산수화의 대가로 꼽히는 현동자 안견玄洞子 安堅(생몰년은 미상, 세종 연간에 주로 활동)이 그의 집을 빈번히 드나들면서 중국의 서화 걸작들을 감상하고, 그 바탕 위에서 독창적인 회화세계를 발전시켜나간 것으로 보아 송원 대 대가들의 작품이 주류를 이루었을 것으로 추정된다. 잘 알려진 대로 안견은 안평대군이 꿈에서 본 장면을 그림으로 옮겨 걸작 〈몽유도원도〉를 완성했다.

안평대군의 수집 내용을 보면, 신숙주의 시문집인《보한재집》과 산수화 84점을 포함하여 중국의 곽희郭熙(1020?~1090?), 마원馬遠(1165?~1225?) 등의 작품도 있다. 안견의 작품은 36점이나 수집하여 모두 222점이나 되었다고 전한다. 산수화에 치우치기는 했지만 상당히 방대한 수집품이다.

조선 중후기인 18~19세기에 들어서면 그림 소장 경향이 변하기 시작한다. 그림의 향유와 소비 계층이 넓어지기 시작했으며, 미술에도 근대적 개념의 수요공급 원칙이 작용하기 시작했다. 미술작품의 유통에 있어서 근대적인 개념의 컬렉터들이 등장하기 시작했다.

대표적인 수집가로 겸재의 친구이자 후원자였던 사천 이병연이 있다. 겸재 정선은 투병 중인 친구 이병연이 완쾌되기를 기원하면서 정성을 다해〈인왕제색도〉를 그렸다. 이는 60년지기에 대한 우정의 표현이자 자신을 열렬히 돌봐준 후원자에 대한 감사의 표시였다. 그러나 겸재가 이 작품을 그리고 얼마 지나지 않아, 그의 바람과는 달리 이병연은 명을 달리하고 만다.

박지원이 '감상지학鑑賞之學의 개창자'라고 불렀던 김광수金光遂(1696~?)는 신묘한 감식안을 가진 수장가였다. 18세기 최고의 수집가는 단연 김광국金光國(1727~1797)으로, 그는 중인 출신의 거부였다. 추사 김정희는 중국 서예가들과의 친분을 바탕으로 중국 명필들의 글씨를 많이 수집했다. 직접 북한산순수비를 답사하고 탁본을 하였던 것으로 보아 명적의 탁본 분야에는 상당한 진전이 있었을 것이다.

위창 오세창葦滄 吳世昌(1864~1953)은 역관으로서 중국을 드나들어 중국 서화를 특히 많이 수집했던 것으로 보인다. 그의 부친인 역매 오경석亦梅

吳慶碩(1831~1879)으로부터 이어진 역관 집안의 재력과 외국 경험이 밑바탕이 되었다. 구한말 송은 이병직松隱 李秉直(1896~1973)은 내시 출신으로 골동에 취미를 갖고 수집에 공을 들였다.

화가들은 보는 눈이 좋아 골동에서 탁월한 감각을 보이는 경우가 많다. 얼마 전에 작고한 변종하, 권옥연 그리고 목기를 수집한 김종학 등이 대표적이다. 근세에 살았던 무호 이한복無號 李漢福(1897~1940)과 필명 구룡산인으로 알려진 영운 김용진潁雲 金容鎭(1878~1968)도 그런 수집가들에 속한다.

김용진은 19세기 말에 영의정을 지냈던 안동 김씨 세도집안 출신 김병국의 양손자로, 1905년 관직을 떠난 뒤 오로지 서화 수집에만 전념했다. 그는 단원 김홍도의 걸작들을 많이 소유했는데, 단원이 52세 때 그린《절세보첩》과 '사능'이라는 아호를 기재한〈군선도병풍〉을 수집했다.〈군선도병풍〉은 1930년대 몇 사람을 거쳐 친일파 민영휘의 아들 민규식에게로 넘어갔는데, 한국전쟁 때 그가 납북되고 부인이 병풍에서 그림만 떼어 갖고 피란을 갔다. 이때 작품의 연결부위가 일부 잘려나가 훼손되고 말았다.

이 많은 일화들이 보여주는 이야기는, 눈만 좋아서는 명품의 주인이 될수 없다는 것이다. 또 많은 사례에서 보여지듯 대를 이어 수집을 이어가는 경우는 그다지 많지 않다. 삼성처럼 직접 박물관을 열거나 국립박물관에 기증하는 경우를 제외하고는 아무리 명품이라 하더라도 손에 손을 거쳐 여기저기 떠도는 신세를 면하기 어렵다. 전주 출신의 박영철朴榮喆(1879~1939)이나 개성 상인 이홍근李洪根(1900~1980) 같은 이는 수집품을 대학이나 국립중앙박물관에 기증함으로써 명품의 유전을 끊은 예외적인 인물이다.

지금도 국립중앙박물관 기증실에 가면 기증자들의 사연을 알 수 있다. 의사 박병래朴秉來(1903~1974)는 아름다운 수집가의 전형을 보여준다. 주머니 사정에 맞추어 문방구 중심으로 수집했던 그는 타계 직전에 수집품 전부를 국립중앙박물관에 기증함으로써 무소유의 아름다움을 실천했다. 영어 교재《성문종합영어》의 저자로 부를 모은 송성문宋成文(1931~2011)도 비슷한 경우이다. 그는 국보급 불경이나 사경 중심의 수집품 전부를 국립중앙박물관에 기증하면서 아무런 조건도 달지 않았다.

그런가 하면 남양분유의 홍두영 회장은 수집품이 장물로 걸려 곤욕을 치렀는데, 조선 초 〈청화백자철화수조문호〉를 압수당하고 국보 제169호 〈청자양각죽절문병〉을 이건희 회장에게 양도하고는 수집과의 인연을 일절 끊었다. 수집가에게 간혹 있을 수 있는 예상치 못한 시련이 아닐 수 없다. 악질 거간들의 말만 믿었다가 선의의 피해를 입는 수집가들이 적지 않다. 골동계의 상거래는 믿기 어려운 경우가 비일비재하다. 상도의가 정립되어 있지 않고, 한탕주의가 만연한 탓이랄까. 철저하게 신용에 기반을 두고 있는 일본의 골동업계와는 너무도 극명하게 대비된다. 안타까운 일이다.

현대그룹의 설립자 정주영 회장은 수집에는 관심을 두지 않았다. 대부분의 자동차기업들이 자동차박물관을 세우고 자회사의 생산품을 포함한 자동차컬렉션을 갖고 있는 것에 크게 대비된다. 이병철 회장과의 경쟁이 격화되었을 때 모 컬렉션을 인수하려 했다는 소문이 돌았지만 성사는 되지 않았다. 사실 여부는 확인된 바 없다.

LG의 구자경 회장은 장학사업과 난초 가꾸기에 몰입하여 1촉에 수억 원을 호가하는 난초 수집품이 있다는 이야기가 전해진다. SK는 워커힐호텔 구내에 미술관을 열고 운영하다가 중단했다. 이후 시내 본사 빌딩에 IT 제품 중심의 전자미술관 '아트센터-나비'를 개관하고 며느리인 노소영(노태우 대통령의 딸)이 관장으로 있다.

호림박물관은 신관까지 새로 갖추고 활발한 활동을 펼치고 있다. 1세대 윤장섭 회장에 이어 며느리 오윤선이 관장으로 있다. 검사 출신 유창종은 기와에 심취하여 와당을 수집하고 개인적으로 와당박물관을 운영하며 일부는 국립중앙박물관에 기증하였다.

코리아나화장품의 유상옥 회장은 화장용품과 장신구 등을 수집하여 박물관과 함께 미술관을 운영하고 있다. 그에 앞서 아모레화장품도 신갈에 박물관을 열었으나 최근에는 활발하지 않다. 그 외에도 많은 수집가들이 있지만 대개는 개인 차원에 머물러 있고, 간혹 박물관을 열기는 하지만 운영이 원활하지 못한 실정이다.

전형필과 간송미술관

근세의 수집가들 중에서 간송 전형필澗松 全鎣弼(1906~1962)을 특별히 다루는 이유는 다음과 같다. 첫째, 그는 수집을 통해 우리 문화를 지키려 했던 애국자이다. 둘째, 그는 수집을 개인 차원에서 공공 차원으로 끌어올린 최초의 수집가이다. 셋째, 그는 수집이란 결국 박물관으로 이어졌을 때 제 가치를 발휘한다고 믿은 지식인이다.

수집은 대개 취미로 시작하지만, 수집에 빠지다 보면 대개는 어느 때인가부터 자신의 경제력이 시험당하는 상황을 경험하게 된다. 수집의 많은 분야가 그렇지만, 그중에서도 골동 분야는 더욱 그렇다. 골동이라면 원래 도자기·금속·고화·서예 등의 분야에 한정되는 개념이었지만, 최근에는 오래된 희귀품 분야까지를 포괄적으로 칭하는 용어가 되었다. 골동을 수집하다 보면 자연스럽게 그 매력에 빠지게 되고, 시간이 흘러 빠지면 빠질

수록 헤어나오기는 점점 더 어려워진다. 이는 수집에 대한 순수의지와 복합적인 욕심이 여러모로 작용하면서 생기는 자연스러운 현상인데, 도박이나 마약처럼 한번 빠지면 좀처럼 헤어나오기 어렵다.

과거 많은 수집가(혹은 수장가)들이 패가망신하여 애지중지하던 수집품들을 되파는 경우를 우리는 많이 보아왔다. 거기에는 피치 못할 사정이 있는 경우가 대부분이지만, 골동품 수집에는 사람을 미치게 하는 뭔가 특별한 마력이 숨어 있다. 때문에 한번 그 맛에 빠진 사람은 주변에서 뭐라 해도 듣지 않고 결국 파국을 맞는 경우가 허다하다. 나서서 권할 일이 못 된다.

때는 일제치하 식민지시대라 누구나 제 한 몸 건사하기도 힘든 상황이었는데, 간송 전형필은 상속받은 많은 재산을 보람 있게 활용하기 위해 고심하던 끝에 우리 문화재 지킴이로 나서기로 작정한다. 돈푼깨나 있는 인텔리들이 세상을 한탄하거나 멀리 만주로 독립운동을 하러 떠나거나 할 때에, 그는 우리 문화를 지키기 위한 첫발로 문화재를 수집하기 시작했다. 특히 일본인이나 일본 본토로부터 많은 유물들을 되찾아오려 특히 애를 썼다. 경매에 올려지기 전에 중요한 문화재들을 거금을 들여 사들이거나, 일본인들과 경합이 붙으면 되찾는 데에 더욱 열성을 다했다.

후일 모아진 문화재를 보관·관리하기 위해 성북동 북단장 안에 보화각을 짓고 최초로 박물관을 개관하여 오늘의 간송미술관이 있도록 했다. 1924년에 일본인 야나기 무네요시가 사립박물관을 열긴 했지만, 우리 힘으로 이루어진 간송미술관과는 거리가 있고 색깔도 다르다. 우리나라 최초의 사립박물관은 간송이 혼자만의 힘으로 만들고 지켜낸 간송미술관이라 할 수 있다. 국가가 아닌 개인이 박물관을 설립하고 개관, 운영하고 있다는 사실은 자부심을 가질 만한 일이다.

당시에 그를 도왔던 인사 중에는 화가 김용진과 휘문고보 은사이자 최초의 서양화가로 유명한 고희동이 있었다. 또 3 · 1운동 민족지도자의 한 분으로, 뛰어난 서예가이자 당대 최고의 감식가인 위창 오세창이 그를 서화 골동에 감식안을 갖도록 키웠고, 간송 자신도 훌륭한 서예가이자 문인화가였다. 그가 남긴 서화작품을 보면 문기가 넘치고 화풍이 담백해, 그의 인간 됨됨이를 잘 보여준다.

일본 명문 와세다대학 법학부를 졸업하여 마음만 먹으면 법조계의 탄탄대로를 걸을 수도 있었던 그는 당시로는 드문 최고의 인텔리였다. 비슷한 나이의 호암 이병철(1910~1987)이 와세다대학 상과 중퇴 후 사업에 진출한 것과는 달리, 간송은 무엇을 하느냐보다 집안의 재력을 어떻게 활용하는가에 부심하다가 일찍부터 우리 문화재의 수집으로 방향을 정했다.

같은 세대의 미술사학자 고유섭이나 민속학자 송석하가 유형문화재 혹은 무형문화, 민속 등을 학술적으로 조사하고 정리했다면, 간송 전형필은 상속으로 받은 수십만 석지기의 재산을 우리 문화재의 수집과 보호에 모두 쏟아부었다. 만약 그 엄청난 재산을 수집 대신 사업에 사용했다면, 간송 집안에서 삼성 못지않은 거대 기업이 탄생했을 수도 있었을 것이다.

간송 전형필은 문화재 수집에 관한 한 명예로운 호칭인 '큰손'으로 불리기에 부족함이 없는 분이다. 요즘 재테크에 등장하는 세속적 의미의 큰손이 아니라, 진정한 애국자이자 미래를 내다보는 민족사학자로서 그의 족적은 육십도 채우지 못한 짧은 생애를 돌이키는 것만으로는 너무나 부족하다.

간송미술관의 컬렉션 내용은 아직 완전히 다 개방되지 않고 있다. 얼마 전까지는 매년 두 차례의 특별전을 통해 일반에게 선을 보였다. 2013년 법인으로 재출발한 간송미술관의 앞으로 변화에 기대를 모으고 있다.

인생의 버킷리스트가 되길 바라며

1970년대 우리나라의 사정은 박물관 사업을 하기엔 시기상조인 듯했다. 박물관 사업은 후진국에서 할 수 있는 일이 아니었다. 경제 문제는 물론 문화에 대한 인식이 전무했던 당시 실정은 박물관이 들어서기엔 그 틈이 턱없이 좁았다. 당시나 지금이나 박물관이야말로 지식층과 자본가들의 관심과 후원이 빛이 되어야 피어나는 함박꽃이다.

박물관은 쉽게 만들어질 수 없다. 박물관은 하루아침에 만들어지는 성질의 것이 아니다. 좋은 소장품의 확보는 단순히 돈만으로 성사되지 않음을 이 책에서 보았을 것이다. 수집은 갈망과 행동력의 영역이지, 부자富者의 영역이 아니다. 끊임없는 탐구와 철저한 지식 그리고 집요한 정성이 있어야 한다. 물론 수집을 할 수 있는 물질적 여건 또한 갖추어야 한다.

호암미술관은 경제적으로는 '삼성'이라는 강력한 후원자를 두고, 정서적으로는 문화후신국의 개척단 같은 분위기 속에서 준비되었다. 5년 이상의 오랜 준비 끝에 1982년 4월 22일 마침내 개관이 이루어졌고, 그 정신과 역사가 2004년 리움미술관 개관으로 이어져 10년을 넘어서게 되었다.

어려운 조건 속에서 삼성이 박물관을 세울 수 있었던 바탕에는 이병철 회장의 수집벽이 있었다. 그의 수집 역사는 줄곧 그의 사업과 함께해왔다. 만약 그에게 수집벽이 없었다면, 오늘의 리움은 없었을 것이다. 호암의 수집품을 기본으로 호암미술관이 건립되었으며, 거기에 삼성문화재단이란 운영기구를 덧붙여 리움으로까지 발전되었다. 단순히 손쉬운 문화산업으로 생각해 재단을 설립했다면 박물관의 탄생은 요원했을 것이다.

박물관 설립과 운영의 최고 가치는 '좋은 박물관-굿 뮤지엄 Good-Museum'에 있다. 그러기 위해서는 필수 요건들을 두루두루 갖추어야 하는데, 타자他者의 시선을 통해 객관적인 평가와 좋은 점수를 받을 수 없다면 결코 좋은 박물관이 될 수 없다. '굿 뮤지엄'은 건축 자체나 소장하고 있는 수집품 이상의 '무언가'를 관람객들에게 보여주어야 한다. 박물관이야말로 계층과 세대를 막론하고 공감대를 얻어낼 수 있는 핵심적인 문화 콘텐츠의 역할을 해야 한다.

리움미술관은 여러 면에서 상당히 좋은 모양새를 갖추고 있다. 그러나 한국보다 먼저 박물관 문화를 선도해온 문화선진국의 대표적인 사례들과 직접 비교하면 아쉬운 부분도 적지 않다. 여전히 많은 노력이 요구된다. 주변 지역 환경의 문제, 전문인력과 경영 방법, 뮤지엄 철학 등의 문제는 아직 숙제로 남아 있다.

나는 리움미술관의 그 이름, 즉 '이씨 가문'을 뜻하는 '리'와 '뮤지엄'을 뜻하는 '움'이라는 글자의 합성이 가지고 있는 복합된 힘을 실질적으로 보여주길 기대하고 있다. 전통과 현대의 만남이자, 한국과 서양의 만남을 뜻할 수도 있는 ⅂ 이름에 걸맞게 글로벌한 이상을 갖고 움직여주기를 기대한다.

　누군가의 버킷리스트에는 유명 박물관을 가보는 목표가 있을 것이다. 바쁘다는 핑계와 박물관에 가면 지루할 것 같다는 선입견 속에 자신을 가둬두지 말고 크고 작은 박물관을 찾아가보라 권하고 싶다. 박물관은 과거뿐 아니라 현재와 미래를 살아숨쉬게 바꿔주는 공간이다. 박물관 안에 있는 자신을 접하는 순간, 삶의 어떤 의미 이상을 발견하게 될 것이라고 나는 자신한다.

초조본 대방광불화엄경 주본 권 36, 국보 제277호,
고려시대, 28.5×891cm, 한솔제지(주) 소장, p.36

묘법연화경 권 1~3, 보물 제1153호,
조선시대, 27.5×16.5cm, 한솔제지(주) 소장, p.39

청자상감운학모란국화문 매병, 보물 제558호,
고려시대, 높이 32.2cm 입지름 7cm 밑지름 14.5cm, 삼성미술관-리움 소장, p.42

금강전도, 국보 제217호,
정선, 조선시대, 종이에 수묵담채, 130.8×94.5cm, 삼성미술관-리움 소장, p.44

분청상감어문반(분청사기 상감'정통5년'명 어문 반형 묘지), **보물 제577호,**
조선시대, 높이 9.4cm 입지름 35.8cm 밑지름 13cm, 삼성미술관-리움 소장, p.47

청자양각죽절문병, 국보 제169호,
고려시대, 높이 33.8cm 입지름 8.4cm 밑지름 13.5cm, 삼성미술관-리움 소장, p.48

금강경(감지은니불공견삭신변진언경 권 13), **국보 제210호,**
고려시대, 30.4.8×905cm, 삼성미술관-리움 소장, p.51

백자달항아리, 국보 제309호,
조선시대, 높이 44cm 몸통지름 42cm, 삼성미술관-리움 소장, p.97

인왕제색도, 국보 제216호,
정선, 조선시대, 종이에 수묵담채, 79.2×138.2cm, 삼성미술관-리움 소장, p.105

고구려반가상(금동미륵보살반가사유상), **국보 제118호,**
삼국시대, 청동에 도금, 높이 17.5cm, 삼성미술관-리움 소장, p.113

청화백자매죽문호, 국보 제219호,
조선시대, 높이 41cm 입지름 15.7cm 밑지름 18.2cm, 삼성미술관-리움 소장, p.122

절세보첩(병진년화첩), **보물 제782호,**
김홍도, 조선시대, 종이에 수묵담채, 2첩 20면, 각 26.7×36.6cm, 삼성미술관-리움 소장, p.129~139

분청사기철화어문호, 보물 제787호,
조선시대, 높이 27.7cm 입지름 15cm 밑지름 9.8cm, 삼성미술관-리움 소장, p.145

동자견려도, 보물 제783호,
김시, 조선시대, 비단에 진채, 111×46cm, 삼성미술관-리움 소장, p.151

청화백자죽문각병, 국보 제258호,
조선시대, 높이 40.6m 입지름 7.6m 밑지름 11.5cm, 삼성미술관-리움 소장, p.157

화조구자도, 보물 제1392호,
이암, 조선시대, 종이에 담채, 86×44.9cm, 삼성미술관-리움 소장, p.165

호피장막책가도, 비지정,
작자 미상, 조선시대 후기, 종이에 채색, 128×355cm, 8폭 병풍(본문 사진은 8폭 병풍 중 2폭의 확대), 삼성미술관-리움 소장, p.171

가야금관 및 장신구 일괄(전 고령 금관 및 장신구 일괄), **국보 제138호,**
삼국시대, 금, 높이 11.5cm 밑지름 20.7cm, 삼성미술관-리움 소장, p.209

청자진사주전자(청자진사 연화문 표형주자青瓷辰砂蓮華文瓢形注子), **국보 제133호,**
고려시대, 높이 33.2cm 밑지름 11.4cm, 삼성미술관-리움 소장, p.217

아미타삼존도, 국보 제218호,
고려시대, 비단에 채색, 110×51cm, 삼성미술관-리움 소장,
p.225

금동대탑, 국보 제213호,
고려시대, 청동에 도금, 높이 155cm 지대63×63cm, 삼성미
술관-리움 소장, p.233

신라사경(신라 백지묵서 대방광불화엄경新羅白紙墨書大方廣佛華嚴
經), **국보 제196호,**
통일신라시대, 29×1,390.6cm, 삼성미술관-리움 소장,
p.238~239

군선도병풍, 국보 제139호,
김홍도, 조선시대, 종이에 수묵담채, 132.8×575.8cm, 삼성
미술관-리움 소장, p.246~251

죽로지실, 비지정
김정희, 조선시대, 종이에 먹, 33×133.7cm, 삼성미술관-리
움 소장, p.256

대구 비산동 청동기 일괄-검 및 칼집부속, 국보 제137-1호,
삼한시대, 청동, 삼성미술관-리움, p.263(위)

대구 비산동 청동기 일괄-투겁창 및 꺾창, 국보 제137-2호,
삼한시대, 청동, 삼성미술관-리움, p.263(아래)

평저주형토기(도기 배모양 명기), **보물 제555호,**
삼국시대, 높이 9.1cm 길이 27.9cm, 삼성미술관-리움 소장,
p.273

청동은입사향완(흥왕사명 청동 은입사 향완), **국보 제214호,**
고려시대, 청동, 높이 40.1cm 입지름 30cm, 삼성미술관-리
움 소장, p.279

리움미술관 전경
이선종 사진제공, p.92~93

호암미술관과 전통정원 희원 전경
이선종 사진제공, p.204~205

이 책에 사용된 도판은 문화재청을 통해 사용허락을 밟고
제공받았습니다. 그 외 부득이하게 허가받지 못한 도판은
저작권자를 찾는 대로 추후 조치하겠습니다.